Introducción a la teología mestiza de San Agustín

Introducción a la teología mestiza de San Agustín

Justo L. González

ABINGDON PRESS / Nashville

INTRODUCCIÓN A LA TEOLOGÍA MESTIZA DE SAN AGUSTÍN

Derechos reservados © 2013 por Abingdon Press

Todos los derechos reservados.

Se prohíbe la reproducción de cualquier parte de este libro, sea de manera electrónica, mecánica, fotostática, por grabación o en sistema para el almacenaje y recuperación de información. Solamente se permitirá de acuerdo a las especificaciones de la ley de derechos de autor de 1976 (1976 Copyright Act) o con permiso escrito del publicador. Solicitudes de permisos se deben pedir por escrito a Permissions, The United Methodist Publishing House, P.O. Box 801, 201 Eighth Avenue South, Nashville, TN 37202-0801, o por correo electrónico a permissions@umpublishing.org.

Este libro fue impreso en papel sin ácido.

A menos que se indique de otra manera, los textos bíblicos en este libro son tomado de la *Santa Biblia, Edición de Estudio:* Versión Reina-Valera 1995. Derechos reservados de autor © 1995 Sociedades Bíblicas Unidas. Usados con permiso. Todos los derechos reservados.

ISBN: 978-1-4267-8548-1

Contenido

Prefacio 7

Introducción 9

1. Camino a la fe 17

2. Conversión y bautismo 35

3. Del baptisterio al púlpito 53

4. El pastor y los maniqueos 73

5. El pastor y los donatistas 91

6. El pastor y los pelagianos 117

7. El pastor y los paganos 143

8. Agustín como lente del cristianismo occidental ... 157

Prefacio

Agustín me ha interesado por largo tiempo. Apenas tendría yo unos seis o siete años cuando la Sociedad Bíblica lanzó una campaña bajo el lema de las palabras que Agustín escuchó en el huerto de Milán: *tolle, lege*—toma y lee. Poco después escuché por primera vez aquello de que fuimos creados para Dios, y nuestros corazones estarán inquietos hasta tanto no descansen en él. Más adelante, cuando en mi celo protestante buscaba armas contra el catolicismo, se me dijo que en los escritos de Agustín había muchas de tales armas. Por la misma época la lectura de las Confesiones me sirvió de inspiración y reto. Bastante después, tuve ocasión en la Universidad de Yale de dedicarle un curso de un semestre al estudio de San Agustín. Y en fecha mucho más reciente, en diálogo tanto personal como por escrito con amigos y compañeros como Orlando Costas, Virgilio Elizondo, Ada María Isasi-Díaz, Daisy Machado y varios otros, empecé a sospechar que la inquietud de Agustín no se debía únicamente a su distanciamiento de Dios, como él mismo da a entender en las Confesiones, sino también a la lucha interna de una persona en quien se debatían dos herencias, dos culturas, dos cosmovisiones —en fin, de un mestizo. Fue esto lo que le dio origen al presente libro, que al tiempo que pretende ser una introducción al pensamiento de Agustín busca también entenderle desde un punto de vista que refleje la condición de un pueblo de habla y tradiciones hispanas que vive el mestizaje de su vida en Norteamérica —o, para usar lo que me dicen que la Academia pronto recomendará, de este pueblo "hispanounidense" que es también el mío.

Prefacio

En las páginas que siguen he dejado a un lado cuestiones debatidas entre especialistas, así como también la tentación de citar a cada paso fuentes secundarias o estudios eruditos, tratando de sujetarme en la medida de lo posible a las palabras del propio Agustín. Para encontrar tales otras fuentes hay recursos sobrados en la red cibernética.

Los pasajes de Agustín se citan según la traducción que aparece en los cuarenta volúmenes de las Obras de San Agustín que la Biblioteca de Autores Cristianos viene publicando desde 1955. En unos pocos casos he cambiado en algo la traducción, unas veces para hacerla más inteligible, y otras para ajustarla más al texto latino.

Por último, una palabra de gratitud, no sólo a los amigos y colegas mencionados más arriba, sino también a los dos principales acompañantes que he tenido en esta tarea: Agustín mismo a través de sus obras, y mi esposa Catherine, Profesora Emérita de Historia Eclesiástica del Columbia Theological Seminary, quien no solo me ha acompañado en la tarea, sino que también me ha ayudado a entender a San Agustín. ¡Aunque les separa una distancia de dieciséis siglos, en las páginas que siguen ambos hablan!

Introducción

Teólogo sin igual

Aparte de los autores del Nuevo Testamento, ningún escritor ni pensador cristiano ha dejado en la vida y pensamiento de la iglesia a través de los siglos una huella que pueda compararse a la de San Agustín. Es cierto que su impacto se ha limitado principalmente al cristianismo occidental —es decir, al catolicismo romano y al protestantismo— y que ha sido mucho menos notable en las iglesias orientales, herederas de lo que en tiempos de Agustín era el Oriente de lengua griega —es decir, iglesias tales como la griega, la rusa y la de Etiopía. Pero en el Occidente Agustín es el teólogo sin igual. Cuando los pueblos germánicos invadieron y a la postre destruyeron lo que antes había sido el Imperio Romano, Agustín y sus escritos sirvieron de puente entre la anterior tradición cristiana y las nuevas condiciones y culturas. Por ello, fue a través de los ojos de Agustín que la cristiandad medieval de habla latina leyó las Escrituras y comprendió la fe. Cuando, mil años más tarde, aquella cristiandad occidental se dividió como resultado de la Reforma protestante, ambos bandos del gran debate reclamaban la autoridad de Agustín, cada cual en apoyo de sus posturas. Hasta el día de hoy, la inmensa mayoría de los cristianos, al leer por ejemplo las epístolas de Pablo, lo hace —sin siquiera saberlo— a través de los ojos de Agustín.

El leer el Nuevo Testamento, o el entender la fe cristiana toda, a través de los ojos de Agustín no es necesariamente malo.

Lo que sí es peligroso es hacerlo sin tener consciencia de ello, lo cual nos hace esclavos o al menos fieles e incautos seguidores de quien ni siquiera conocemos. Agustín puede servirnos —y de hecho nos sirve— de mucho. Pero el desconocerle no conlleva solo una falta de conocimientos históricos, sino también la incapacidad de distinguir entre lo que Pablo, por ejemplo, dice y lo que Agustín nos dice que Pablo dice. Y lo contrario también es cierto: el estudio de la vida y pensamiento de personajes del pasado tales como Agustín bien puede llevarnos a redescubrir en nuestra fe dimensiones que a través de las generaciones han quedado olvidadas.

Esto es tanto más importante por cuanto, como veremos, al tiempo que Agustín hizo muchas contribuciones importantes y valiosas a la teología cristiana, también nos dejó algunos legados que hoy sería bueno corregir.

Luego, al estudiar a Agustín no lo hacemos por mera curiosidad anticuaria o interés histórico —aunque su vida es tan interesante como cualquier novela— sino también en busca de un entendimiento más profundo y correcto de la fe que nos sustenta. En otras palabras, no estudiamos a Agustín solamente por su importancia pasada, sino también por la presente.

Mestizaje y teología

Repetidamente he dicho que la historia no es mera narración del pasado, sino que es lectura y narración de ese pasado a la luz del presente. Esto quiere decir que, al estudiar por ejemplo a Agustín y su teología, lo hago en términos de quién soy, cómo me entiendo a mí mismo y cuáles son las preocupaciones e intereses principales tanto míos como de la comunidad a que pertenezco. En consecuencia, el Agustín que aquí presento es un Agustín visto a través de los lentes de un cristiano y una comunidad cristiana del siglo XXI.

Esto no quiere decir que se trate de un Agustín falsificado. No es cuestión de mirar hacia el pasado e inventárnoslo según nos convenga, o a nuestro gusto. Es más bien cuestión de mirar hacia ese pasado con nuevos ojos, y ver si hallamos allí algo que otros, por carecer de los mismos lentes, no han visto —o sí lo han visto, pero no le han dado importancia.

Introduction

En pocas palabras, lo que aquí exploraré será hasta qué punto las perspectivas y entendimientos de la teología latina de nuestros días —con lo cual quiero decir la teología entre esa población norteamericana de origen indígena-ibérico-africano a la que por estos lares llaman "Hispanics" o "Latinos/as"— pueden ayudarnos a ver y a redescubrir en Agustín y en su teología elementos importantes que de otro modo pasarían inadvertidos. Y, de paso, también es posible que el mirar a Agustín a través de nuestros lentes latinos nos le haga más pertinente para nuestro contexto y nuestros retos de hoy.

Uno de los temas característicos de tal teología latina —y de la experiencia social y eclesiástica que le sirve de contexto— es el mestizaje. Tal es el nombre que mi amigo y colaborador Virgilio Elizondo, siguiendo a Vasconcelos, le dio a la experiencia de quien vive entre dos o más culturas y entidades políticas o sociales —experiencia que él mismo vivió al criarse como méxico-americano en el estado de Texas. Otros prefieren el término náhuatl "nepantla" —la tierra de en medio, entre dos tierras. Otros describen su experiencia como la de "un exilio en nuestra propia tierra" o la de un exilio del que no hay regreso. Y otros hablan de "vivir en el guión" —es decir, en el guión que conecta (y al mismo tiempo separa) los dos polos en calificativos tales como Mexican-American o Cuban-American. Todas estas imágenes son valiosas. Aquí, por motivos de brevedad, me limitaré al tema del mestizaje.

Ser mestizo es pertenecer a dos realidades y al mismo tiempo no pertenecer a ninguna de ellas. El méxico-americano que se cría en Texas entre personas de cultura anglosajona oye decir repetidamente que es mexicano —es decir, que verdaderamente no encaja en Texas. Pero si ese mismo méxico-americano cruza la frontera con la esperanza de encontrar allí su tierra y su pueblo, pronto sufre la desilusión de ser rechazado, o al menos criticado, como medio norteamericano —o, como dicen algunos mexicanos, por ser "pocho". Algo semejante le acontece a quien se cría en Nueva York de padres dominicanos y en medio de un barrio dominicano: en los Estados Unidos no se le considerará completamente norteamericano; y en la República Dominicana se le verá como extranjero —o al menos parcialmente extranjero. Será a la vez dominicano y norteamericano, y al mismo tiempo no será plenamente ninguna de las dos cosas. Y, aunque el caso de Puerto Rico es algo diferente, allí también existe cierto mestizaje que se manifiesta hasta en el título mismo de "estado libre asociado": se es libre, pero no independiente; asociado, pero no colonia; ciudadano norteamericano, pero si se le pide que diga cuál es su patria probablemente responderá "Puerto Rico".

Tal condición de mestizaje no es puramente genética, ni se limita tampoco a una o dos generaciones. Hay méxico-americanos cuyos antepasados han vivido en los Estados Unidos desde bastante antes de que México perdiera las tierras en que viven; pero siguen siendo méxico-americanos. Hay cubano-americanos cuyo uso del castellano es atroz y hasta prácticamente inexistente; pero si alguien amenaza o niega su identidad, de inmediato salen a afirmarla y defenderla.

Según señala Elizondo, siguiendo en ello las pistas de Vasconcelos, aunque frecuentemente se le considere inferior, la condición de mestizaje es campo fértil para la creatividad, y frecuentemente es señal que apunta hacia el futuro. En su importante libro *Galilean Journey*, el propio Elizondo relaciona todo esto —incluso su mestizaje méxico-americano— con la Galilea de tiempos del Nuevo Testamento. Los de Judea piensan que ellos son los verdaderos judíos, y que Galilea, donde la cultura y tradiciones judías se mezclan con las gentiles, no es territorio de verdaderos judíos. Por eso la llaman "Galilea de los gentiles". Pero desde el punto de vista de los romanos y otros gentiles, los galileos son judíos. Cuando así vemos las cosas, la historia toda de los Evangelios tiene que ver con el mestizaje galileo y el modo en que los judeos —los judíos de Judea— lo juzgan y desprecian.

Hemos dicho también —y hay que subrayar— que la condición de mestizaje es campo fértil de creatividad, y señal que apunta hacia el futuro. A quienes se imaginan que "nada bueno puede venir de Nazaret", Dios responde trayéndoles un Salvador precisamente de entre aquellas gentes despreciadas. Y esto no es un mero capricho divino de una sola vez, sino que repetidamente es el modo en que Dios ha actuado en la historia y en la iglesia. Probablemente ni una línea del Nuevo Testamento se escribió en Jerusalén, donde estaba el centro de la iglesia primitiva. Al contrario, el Nuevo Testamento se escribió en lo que podríamos llamar el mestizaje de la misión a los gentiles, en ese espacio intermedio en que los primeros cristianos, a pesar de ser casi todos judíos, no eran tenidos por verdaderos judíos, al

Introducción

tiempo que los romanos y sus autoridades les tenían por judíos. La civilización occidental nació del encuentro, los conflictos y por fin el mestizaje entre lo grecorromano y lo germánico —entre lo que los antiguos romanos llamaban civilización y lo que tenían por barbarie. La singular creatividad de Tomás de Aquino se forjó en el encuentro entre la Europa medieval y cristiana y las corrientes filosóficas y culturales que la invadían procedentes del mundo musulmán.

Pero hay más. Al referirnos al mestizaje como la condición de quien vive en dos culturas o realidades, posiblemente estemos simplificando demasiado la realidad a fin de hacerla más comprensible. Raro es el caso en que el mestizaje es sencillamente bipolar, pues normalmente los dos polos de ese mestizaje tienen también elementos de su propio mestizaje, con el resultado de que la persona mestiza vive en medio de varias realidades, varias de ellas en pugna entre sí. Esto puede verse en el caso de muchos latinos nacidos en los Estados Unidos. Son mestizos porque al tiempo que son latinoamericanos son también norteamericanos, y frecuentemente se les hace saber que no son plenamente ni lo uno ni lo otro. Pero en la propia América Latina, la mayoría de esos mismos latinos son mestizos en los que se pueden ver elementos traídos de Iberia conjugados, confundidos y a veces en pugna con elementos de las diversas culturas precolombinas, y frecuentemente con otros de origen africano.

En el caso de Agustín, su mestizaje no consiste solamente en el encuentro entre lo africano y lo romano. Lo africano que hay en él refleja la realidad mestiza de la región, aun antes de la llegada de los romanos, donde se mezclaban elementos de origen bereber o libio con otros de origen púnico o cartaginés. Y por el lado romano, hacemos bien en hablar, no de la cultura romana, sino de la grecorromana, pues la romanitas que Agustín conoció tenía mucho de procedencia griega.

Pero en todo caso, el mestizaje con todas sus complejidades fue una realidad siempre presente en la vida y pensamiento de Agustín, como lo es también hoy entre buena parte de la humanidad.

Por todo ello, este libro no es sino un llamado a releer la historia de la iglesia y de su pensamiento desde la perspectiva del mestizaje y de su contribución al futuro. Y, al menos para los cristianos cuyas raíces se encuentran en el occidente del Imperio

Introducción

Romano, entre gentes de habla latina, no hay mejor lugar para empezar que San Agustín, obispo de Hipona, maestro de generaciones y mestizo.

Agustín el mestizo

En las páginas que siguen veremos sobradas razones para hablar de Agustín como mestizo, y de su teología también como mestiza. Pero, a manera de adelanto, cabe mencionar algunos detalles. El hogar en que Agustín se crió, con padre romano y madre probablemente de origen bereber, o al menos púnico (términos que aclararemos más adelante) era indudablemente mestizo. Lo mismo es cierto de todo el ambiente circundante en Tagaste, pueblo donde Agustín nació. Sus primeros maestros, al tiempo que le enseñaban las letras romanas, conocían la lengua nativa de la región. Pero por otra parte Agustín se esforzó en sus estudios del latín a tal punto que nadie en su generación le excedió en el uso de esa lengua. La forma de cristianismo que su madre Mónica le instaba a aceptar tenía matices claramente africanos, y esto era parte de la razón por la que Agustín, educado en las letras y tradición grecorromanas, lo rechazaba. Cuando la predicación de Ambrosio le abrió el camino hacia la fe, lo que le llamó la atención de aquella predicación era que Ambrosio podía explicar el sentido de la Biblia que Mónica tanto amaba siguiendo los cánones de la retórica grecorromana. Cuando por fin se convirtió, su conversión fue en parte al cristianismo de Mónica, y en parte a la "vida filosófica" de los neoplatónicos. Cuando se enfrentó a los donatistas, se vio en la necesidad de escoger entre sus raíces africanas y el orden romano. Durante buena parte de su vida, tal pareciera que lo romano había vencido; pero cuando, tras la debacle romana del 410, trató de darle sentido cristiano a lo acaecido, se mostró crítico de toda la cultura y civilización romanas, y lo hizo en parte sobre la base de principios aprendidos de su madre bereber largo tiempo antes.

Lo que es más, es dable proponer que, después de la muerte de Agustín, el éxito de su teología se debió en parte a que era una teología mestiza, no puramente grecorromana, en tiempos en que surgía en Europa occidental un nuevo mestizaje — el mestizaje entre lo romano y lo germánico. Así, la teología

Introducción

mestiza de Agustín, ahora supuestamente romana, se unió a las culturas germánicas para crear un nuevo mestizaje —mestizaje que sirvió de cuna para la civilización occidental y para las teologías posteriores. Vayamos entonces a la vida misma de Agustín, donde iremos descubriendo rasgos e implicaciones de ese mestizaje.

Capítulo 1
Camino a la fe

El contexto

Por extraño que pueda parecernos, la teología cristiana en lengua latina no tuvo sus orígenes en Roma ni en parte alguna de Europa occidental, sino en el norte de África. Lo que es más, el primer obispo de Roma cuyas obras fueron escritas en latín no procedía de Roma, sino de África. Allí floreció en el siglo segundo el célebre Tertuliano, defensor de la fe tanto contra los paganos como contra cuanta doctrina le pareció herética. El próximo siglo la misma región produjo a Cipriano, defensor de la unidad de la iglesia y promotor de los derechos del episcopado africano frente a las pretensiones del de Roma. Y fue también allí que San Agustín nació y vivió la casi totalidad de su vida.

Si eso nos sorprende, posiblemente más nos sorprenderá saber que en aquellos tiempos el norte del continente africano no era tierra seca y árida. Todavía no se habían producido en el clima de la región los cambios que llevaron a su condición presente. Al contrario, la tierra en que Agustín nació era rica y fértil. En las zonas más fértiles y llanas, cerca de la costa, se producían cereales y frutas, y se apacentaba ganado. Más hacia el interior, y en las laderas de las montañas, abundaban los olivares y los bosques espesos. En aquellos bosques pululaban fieras tales como los osos y los leopardos, que los naturales cazaban y exportaban a Roma y otras ciudades para los crueles entretenimientos de entonces.

Por otra parte, es necesario señalar que al hablar aquí de "África" no nos referimos a todo el continente que hoy lleva ese nombre. En tiempos de Agustín, se le daba ese nombre primeramente a la provincia romana de África, cuyo centro era la ciudad de Cartago (cerca de lo que hoy es Túnez). Pero además, por extensión, "África" frecuentemente era un modo de referirse a la costa norte de ese continente, sin incluir Egipto, pero incluyendo toda la costa desde Libia hasta Marruecos —es decir, además de la provincia misma de África, las de Numidia, Bizacena, Tripolitania, y Mauretania. Para nuestra historia, las regiones que más nos interesan son la provincia misma de África y, hacia el oeste, Numidia y Mauritania.

El pueblo o pequeña ciudad de Tagaste, donde Agustín nació en el 354 (y que hoy lleva el nombre de Souk-Ahras) se encontraba en Numidia, aunque cerca de la frontera con África propiamente dicha. Situada en el interior del país, Tagaste tenía una población mayormente bereber, al tiempo que la administración civil estaba en manos romanas. El padre de Agustín, Patricio, era uno de los representantes del poderío romano en Tagaste, y por tanto persona de relativa importancia en aquel ámbito limitado, pero muy secundaria dentro del marco total del Imperio Romano. Además, había otras pocas familias romanas en la ciudad. Una de ellas era la de Alipio, a quien Agustín no parece haber conocido en Tagaste, sino algo más tarde en Cartago, y a quien llamaba "mi hermano del alma". El hecho mismo de que Agustín no conociera a Alipio sino en Cartago bien puede deberse a la diferencia de edad entre ambos, o bien a que en la escala social de Tagaste la familia aristócrata de Alipio se encontraba muy por encima de la de Agustín. También en Tagaste vivía Romaniano, hombre de posición relativamente acomodada —y quizá pariente lejano de Patricio y por tanto de Agustín— quien vio la promesa de Agustín, le abrió su biblioteca y costeó buena parte de sus estudios, aparentemente con la esperanza de que, de regreso a Tagaste, Agustín sirviera como tutor de sus hijos.

Tagaste tendría apenas unos millares de habitantes, y servía de centro administrativo para la región circundante, ocupada principalmente por grandes latifundios dedicados a los cereales, las frutas, el ganado y los olivos. La mayoría de los dueños de tales latifundios prefería la vida en la grandes ciudades como Cartago y Roma, y por tanto dejaba la administración de sus tierras en manos de mayordomos, unas veces esclavos y otras libertos. En cuanto a la población de Tagaste, la mayoría parece haber sido de origen bereber, como lo era también en las regiones circundantes.

En los tiempos en que Roma empezaba a formar lo que después fue su vasto imperio, unos cinco o seis siglos antes de los de Agustín, toda aquella región había estado bajo el gobierno de Cartago. Esta era una ciudad independiente que había sido fundada por colonos fenicios y que en el siglo segundo antes de Cristo le disputó a Roma la hegemonía sobre el Mediterráneo occidental. Puesto que estos fenicios eran conocidos como "púnicos", las guerras entre Roma y Cartago se conocen en la historia como las "guerras púnicas". La lucha fue ardua, y hubo un momento en que el general cartaginés Aníbal llevó sus tropas hasta las afueras mismas de Roma. Pero a la postre la victoria fue de los romanos, bajo la dirección de su general Escipión — llamado "el Africano", no porque lo fuera, sino a título honorífico como conquistador de África. Corría entonces el año 146 antes de Cristo, y el Senado romano decretó que Cartago sería demolida, de modo que nunca más se alzara como rival a la ciudad de las siete colinas. Así se hizo. Pero menos de 120 años más tarde, poco antes de los albores de la fe cristiana, el emperador Augusto ordenó reconstruir la ciudad, ahora como parte del Imperio Romano y capital de la provincia de África. El éxito de esa nueva fundación fue tal que cuando Agustín nació, menos de cuatro siglos más tarde, Cartago era la segunda ciudad en todo el occidente de la cuenca del Mediterráneo, donde sólo Roma la sobrepasaba.

Pero siglos antes, cuando los primeros colonos púnicos llegaron a la región, no la encontraron deshabitada, sino poblada por los bereberes o libios, pueblo seminómada que ocupaba las tierras desde las costas del Mediterráneo hasta las arenas del Sahara. Los bereberes no desaparecieron, sino que algunos se retiraron a regiones más remotas donde no llegaba el poderío púnico, mientras otros permanecieron en las tierras conquistadas como población sedentaria supeditada a los conquistadores púnicos. A tales bereberes correspondían entonces las ocupaciones supuestamente menos dignas, los trabajos más penosos, y los impuestos más onerosos.

Luego, en la región que sirvió de escenario para la mayor parte de la vida de Agustín —la región donde se formó y donde transcurrió toda su labor pastoral y teológica— existían al menos tres estratos culturales que unas veces se mezclaban y confundían, y otras chocaban entre sí. Indicios hay de que buen número de personas de origen púnico, y otras de origen bereber, intentaron asimilarse a la cultura y el orden romanos. Pero también resulta claro que las relaciones entre estos diversos grupos no siempre fueron amistosas, y que muchos opusieron resistencia a los influjos, primero púnico, y luego romano. Al parecer no existía en la región la estricta estratificación social que existía, por ejemplo, en Egipto, donde el que un copto se hiciera pasar por griego o romano se consideraba crimen punible por el estado, y donde los griegos y judíos ocupaban posiciones intermedias entre los coptos y los romanos. Pero sí había cierta estratificación social y económica, de modo que los más altos niveles de la sociedad estaban reservados para las personas de estirpe romana, y quienes procuraban acercarse a tales niveles lo hacían a costa de sus tradiciones culturales y lingüísticas, mientras que a los demás se les llamaba "bereberes" o "púnicos". Frecuentemente no se distinguía claramente entre estos dos grupos supeditados a los romanos. Por ello, cuando Agustín habla de costumbres, lenguaje y tradiciones "púnicas", es difícil saber si se refiere a los antiguos cartagineses de origen fenicio, o a los habitantes originales de la región. Así, por ejemplo, cuando habla del idioma "púnico" es muy posible que se esté refiriendo al habla más común en la región donde se crió, que era la de los bereberes.

Luego, en la zona en que Agustín se crió existían tres lenguas principales: el latín del imperio y de la administración, la lengua púnica, de origen semita, que rápidamente se iba olvidando, y el "libio" que hablaban los bereberes. La decadencia del púnico era tal, que cuando Agustín y sus contemporáneos se referían al idioma "púnico" frecuentemente querían decir el libio. El propio Agustín se refiere al libio como "lengua púnica, es decir, africana". Con el correr de los siglos, aquella antigua lengua de origen semítico desapareció, y hoy solamente se encuentran indicios de ella en la isla de Malta, cuya lengua es una combinación del antiguo púnico con varios otros idiomas, y, según algunos especialistas, en algunos rasgos característicos del árabe de la región —lengua que, como el antiguo púnico, es de origen semita. En cuanto al libio, continuó hablándose en el interior de la costa de África a través de los siglos, y constituye el trasfondo del bereber del siglo veintiuno —lengua que muchos prefieren al árabe, y que, junto a este, en el presente siglo vino a ser lengua oficial de Marruecos, así como de varias otras regiones en el norte de África.

Dada la decadencia del púnico, en Tagaste y las regiones vecinas el bereber o libio era la lengua más comúnmente hablada. En toda una serie de excavaciones durante el siglo veinte se han descubierto centenas de inscripciones en libio, y algunas tanto en libio como en latín; pero muy pocas en púnico. Luego, aunque hubiera en el norte de África tres lenguas, dos de ellas dominaban la escena: el libio del campesinado y del pueblo bajo y el latín de la administración y la aristocracia.

Por otra parte, esa estratificación no era sólo social, sino también geográfica. La población latina se concentraba en las ciudades, casi todas ellas puertos marítimos o al menos ciudades costaneras. Pero, con escasas excepciones, en esas mismas ciudades los latinos no eran sino una cúpula social que gobernaba sobre una población mayormente bereber. En los últimos dos siglos, excavaciones en los cementerios de la región —incluso de la ciudad de Hipona, donde Agustín sería obispo— han llevado a la conclusión de que la población hablaba principalmente el libio. Y todavía más al sur, los bereberes o libios casi eran la totalidad de la población y conservaban todavía buena parte de su autonomía —aunque cuando afirmaban esa autonomía con demasiada fuerza las legiones romanas intervenían para recordarles que eran parte del Imperio Romano.

Ese contraste de culturas no se limitaba a la estratificación social y geográfica, sino que había también diferencias en cuanto a los valores que cada una de ellas consideraba más importantes. La cultura grecorromana valoraba el orden y la racionalidad por encima de todo. Por largo tiempo, el orgullo de la filosofía griega había sido su racionalidad, el no dejarse llevar por las pasiones que ocultan las verdades que la razón conoce. Los romanos, por su parte, se enorgullecían de sus leyes, es decir, del modo en que habían aprendido a aplicarle al orden social los principios de racionalidad que los griegos habían propuesto. Así vistas las cosas, el punto culminante de la filosofía grecorromana era el estoicismo —probablemente la postura filosófica más común entre los romanos en tiempos de Agustín—, que insistía en la necesidad de conocer la "ley natural" que gobierna todas las cosas, librarse de las pasiones que nos la ocultan o nos llevan a desacatarla, y así llevar esa vida razonable que es el más alto nivel de felicidad que pueda alcanzarse en este mundo. Frente a esto, las culturas africanas valoraban la emoción y la espontaneidad. Tenían leyes, sí; pero su propósito no era el bien de la sociedad en general, sino el bien del núcleo relativamente pequeño de personas vinculadas por lazos principalmente familiares. Tales leyes eran de suma importancia, pues sin ellas tales núcleos sociales podrían disolverse; pero eran leyes del grupo y para el grupo, no leyes impuestas desde fuera sobre la base de una supuesta racionalidad superior. A consecuencia de tales contrastes culturales, los romanos frecuentemente veían a los bereberes como "bárbaros" carentes de civilización, y a los púnicos como poco mejores. Y los africanos —tanto bereberes como púnicos— tendían a ver a los romanos como imperialistas que cubrían con un barniz de racionalidad las leyes y el orden social que deseaban imponer.

Todo esto se reflejaba en la vida religiosa de la región. Los antiguos bereberes habían sido politeístas quienes rendían culto a una gran variedad de dioses y diosas relacionados con alguna de las fuerzas de la naturaleza o con algún santuario particular. Pero por encima de todos esos seres divinos reinaba un dios supremo y sabio, a quien se conocía como "el Anciano" —Senex. Los púnicos trajeron consigo la religión de las tierras de Canaán y Fenicia, en las que predominaba el dios Baal Hammon —de cuyo nombre se derivan muchos de los nombres púnicos, tales como Aníbal y Asdrúbal. El predominio de este dios sobre todos sus congéneres era tal, que hoy algunos ven tendencias monoteístas en la religión púnica. En todo caso, pronto Senex y Baal se conjugaron en uno, con lo cual se iba forjando una religiosidad común en toda la región. Al llegar los romanos, siguieron allí la misma política religiosa que caracterizaba sus otras conquistas: al tiempo que traían sus propios dioses y fomentaban su culto, toleraban las antiguas religiones de cada lugar, y alentaban un proceso en el cual los dioses de tales religiones se identificaban progresivamente con alguno de los dioses del panteón romano. En las tierras anteriormente púnicas, se hicieron esfuerzos por identificar a Baal Hammon con Saturno. Esto tuvo cierta medida de éxito, por cuanto los documentos antiguos indican que la población de la región era devota de Saturno. Pero los eruditos que han estudiado el asunto señalan que el "Saturno" de los púnicos se parecía más a su antiguo Baal Hammon que al Saturno de los romanos.

El cristianismo parece haber llegado al norte de África en la segunda mitad del siglo segundo, quizá procedente de Italia, o quizá de la región de Frigia. Pronto echó profundas raíces y, como hemos dicho, el cristianismo africano tomó la delantera en la producción teológica en lengua latina. Pero, si bien algunos de los líderes de aquella naciente iglesia eran personas de origen romano o al menos asimiladas a la cultura romana —como es el caso de Tertuliano y de Cipriano— pronto la nueva fe se expandió entre población púnica y bereber. Eran tiempos de persecución, cuando las autoridades romanas se oponían al cristianismo, y por tanto parece probable que la conversión a la nueva religión por parte de muchos "africanos" viniera a ser un modo de protestar contra el orden existente, o al menos de reclamar una verdad y una autoridad más allá de las verdades y las autoridades de la población dominante.

Por ello, no ha de sorprendernos el que hubiera siempre en la región un tipo de cristianismo caracterizado por su fuerte oposición a la cultura grecorromana. De ello encontramos eco en los escritos de Tertuliano, con su crítica —y a veces burla— de esa cultura. Hacia el final de su vida, cuando el cristianismo ortodoxo parecía acercarse demasiado a las costumbres y perspectivas de la cultura dominante, Tertuliano y muchos otros optaron por el montanismo, movimiento a todas luces crítico de esa cultura y de su orden social. Sabemos de Tertuliano porque él mismo parece haber sido de estirpe latina, y ciertamente era buen conocedor de la lengua y de las leyes latinas, de modo que sus escritos en latín fueron apreciados por el resto de la cristiandad latina. Pero bien podemos imaginar cuántos cristianos anónimos de origen bereber o púnico albergarían opiniones y sentimientos semejantes.

Buena parte del pueblo cristiano de la región conservó siempre esa actitud de distanciamiento y hasta de oposición a la cultura dominante. Unas décadas antes del nacimiento de Agustín, el emperador Constantino decretó la tolerancia hacia los cristianos, y luego tanto él como casi todos sus sucesores se declararon cristianos y le prestaron apoyo imperial a la fe. El cristianismo vino a ser, primero, cultural y políticamente aceptable; pronto, la religión dominante en todo el Imperio; y luego casi la única tolerada. Significativamente, en aquellos tiempos en que los senadores y otros aristócratas romanos acudían en masa a la pila bautismal, y la mayoría de la población les seguía, algo diferente sucedía en la región conocida como África. Con la excusa teológica de que algunos de los obispos reconocidos por la iglesia oficial se habían mostrado débiles ante la persecución que había pasado, buen número de los cristianos en las provincias de África y Numidia se apartaron de esa iglesia. Estos cristianos rebeldes, conocidos como "donatistas" por razón del nombre de uno de sus líderes —Donato— se negaban a doblegarse ante la autoridad imperial, ahora representada por la iglesia oficial. Como veremos más adelante, con el correr del tiempo el movimiento se fue volviendo cada vez más extremo, y hasta dio en violencia. Pero lo que por ahora nos interesa es que el donatismo se extendió sobre todo entre la población de origen bereber y púnico —y que entre los donatistas más extremos la inmensa mayoría era bereber. Más adelante tendremos ocasión de tratar más sobre el donatismo y la polémica de Agustín contra él.

Tagaste, el pueblo en que Agustín nació, se encontraba en la provincia de Numidia, cerca de la frontera con la provincia de África. Hasta poco antes del nacimiento de Agustín, la mayoría de la población era donatista, y buena parte siguió siéndolo hasta después de la muerte de Agustín. Lo que es más, siempre hubo donatistas entre los familiares de Agustín, y algunos de ellos llegaron a ocupar posiciones importantes dentro de ese movimiento.

Por otra parte, el cristianismo de la región, tanto donatista como ortodoxo, tenía ciertas características y énfasis propios. En el occidente latino, pero sobre todo en África, hubo desde fecha muy temprana una tendencia a entender la fe cristiana en términos de leyes y principios morales. Como he dicho y explicado con más detalles en otro libro (*Retorno a la historia del pensamiento cristiano*), esta teología occidental veía a Dios ante todo como juez y legislador, el pecado como una infracción de la ley de Dios, la condición humana en términos de deuda moral, el bautismo como lavacro o indulto de la pena del pecado, y la obra de Jesucristo como pago en nuestro lugar por esa deuda.

Las consecuencias de tal entendimiento de la fe, que a la postre se generalizó en buena parte de la iglesia occidental —tanto católica como protestante— fueron muchas. Una de las primeras en manifestarse fue el debate en torno a la santidad de la iglesia. Si Dios es ante todo juez y legislador, y si la fe cristiana es cuestión de moral y de obediencia, ¿puede la iglesia ser verdaderamente iglesia de Jesucristo si no es pura y santa? Por un lado, algunos afirmaban que la iglesia era como el arca de Noé, en la que unos pocos se salvan del mal que les rodea, y que por tanto no hay lugar en ella para los pecadores. Frente a ellos, otros afirmaban que la iglesia es como un campo en donde crecen juntos el trigo y la cizaña, y que la tarea de juzgar quién es trigo y quién cizaña le corresponde a Dios. Esto fue causa de repetidos cismas, particularmente en el Occidente, pues si alguien llega a la conclusión de que la iglesia no es suficientemente pura lo que procede es apartarse de ella y crear una nueva y "verdadera" iglesia. Naturalmente, pronto habrá quienes, dentro de esa "verdadera" iglesia, piensen que aun esta no es tan pura como debería serlo, y se aparten de ella para formar otra mejor. Tales actitudes se encuentran a la raíz del donatismo, así como de los muchos grupos que se apartaron de él.

La otra consecuencia del tipo de teología que predominaba en el Occidente fue el repetido debate sobre qué hacer con los pecados posbautismales. Si en el bautismo los pecados del creyente son perdonados, ¿qué sucede cuando el creyente peca tras el bautismo? ¿Cómo ha de pagar por sus nuevos pecados? A la postre, esto llevaría en el catolicismo romano al desarrollo de todo el sistema penitencial, con su purgatorio y sus indulgencias; y, en el protestantismo, a los cismas constantes porque siempre hay quien piensa que la iglesia a que pertenece no es suficientemente santa. Fue esa religión de tendencias legalistas y moralizadoras la que Agustín conoció en la persona de su madre y de la comunidad de fe a la que esta pertenecía. El propio Agustín, aunque en cierta medida participó siempre de tales perspectivas, también se vio obligado a refutar sus consecuencias más extremas, como veremos al discutir sus posturas ante el pelagianismo.

La familia

La familia en la que Agustín nació y se formó tenía todas las características interculturales y mestizas de muchas familias de la región. Su padre, de nombre Patricio, era un oficial romano propietario de algunas tierras y con el rango de decurión. Esto quiere decir que probablemente sus responsabilidades consistían en la recolección de impuestos, y que por tanto no gozaría de gran popularidad entre la población sujeta a tales impuestos —es decir, la población "africana", en contraste con la "romana". Aunque tenía algunas tierras y esclavos, no por ello era rico, pues tras estudiar por algún tiempo en la cercana ciudad de Madaura Agustín se vio obligado a regresar a Tagaste porque su familia carecía de los fondos necesarios para costear sus estudios. Según el testimonio de Agustín, Patricio era un hombre irascible quien, aunque nunca golpeó a su esposa, sí abusaba de ella verbalmente —y, como acontecía frecuentemente en aquel tiempo, Agustín elogia a su madre por el espíritu sumiso con que se enfrentaba a las iras de su esposo y las vencía. En cuanto a religión, Patricio seguía la de sus antepasados —lo que hoy llamamos paganismo.

Mónica, la madre de Agustín, probablemente era de origen bereber, pues parece que su nombre le fue dado en honor de la diosa Mon, a quien se adoraba en un santuario cercano. Pero ella misma era cristiana fiel y devota, y su religión reflejaba lo que ya hemos dicho sobre la forma de cristianismo que predominaba en la región. Era unos veinte años más joven que su esposo. Esto era común en la sociedad romana, en la que era costumbre que los varones tomaran concubinas hasta llegar a una edad relativamente madura, cuando estaban listos para tener herederos legales. También sabemos que cuando Mónica se casó con Patricio la pareja vivió por algún tiempo con la madre de este —lo cual también era práctica común— quien aparentemente no gustaba del matrimonio que su hijo había hecho, y constantemente criticaba a Mónica y buscaba modos de hacerle la vida imposible. De este matrimonio entre Patricio y Mónica nacieron al menos tres hijos: el mayor, de nombre Navigio, de quien poco se sabe, Agustín y una hermana de nombre y edad desconocidos —aunque posteriormente la tradición le dio el nombre de Perpetua—

quien hacia el fin de los días de Agustín dirigiría a un grupo de mujeres en la vida monástica.

De todos estos personajes, el único a quien Agustín se refiere repetidamente en sus escritos es Mónica. Era una mujer severa quien desde el día de su matrimonio se dedicó a orar por la conversión de su esposo. Nunca ocultó esta esperanza de cambiar a su esposo, y esto bien pudo haber sido una de las razones por las que tanto él como su suegra la trataban áspera y hasta cruelmente. A la postre, poco antes de morir, Patricio se convirtió.

Todo esto nos hace ver que Agustín era probablemente mestizo, lo cual se notaría en una tez más oscura que la de los romanos puros. Ciertamente se crió en un ambiente de mestizaje, no sólo genético, sino también cultural. La cultura grecorromana que su padre representaba tenía una larga historia de grandes logros, y era el camino hacia el éxito en la carrera de servicio civil que sus padres proyectaban para él. En Mónica conoció un cristianismo que frecuentemente se había visto a sí mismo en oposición a la cultura circundante, pero que ahora comenzaba a ajustarse al dominio romano. El propio pueblo de Tagaste había sido mayormente donatista hasta poco antes del nacimiento de Agustín, y por tanto es dable suponer que Mónica representaba el acomodo al dominio romano que iba surgiendo entre algunos elementos del cristianismo tradicional de la región. Patricio era la presencia romana. Mónica representaba lo bereber, lo africano —en el lenguaje de los romanos, la barbarie—que buscaba un sitio dentro de la sociedad romana. Patricio era recordatorio de los logros grecorromanos. Mónica, de una fe dispuesta a obedecer a Dios ante todo, y a supeditarlo todo a esa obediencia. A través de toda su vida Agustín se movió entre estos dos polos, unas veces inclinándose hacia uno de ellos, y otras hacia el otro. Y esto puede verse también en su desarrollo teológico.

Desde que su hijo Agustín era niño, Mónica se percató de las dotes extraordinarias de este hijo, y dedicó el resto de su vida a hacer de él un cristiano devoto y a asegurarle una carrera exitosa. Es por esto que decimos que en Mónica vemos ya señales de un mestizaje social que iba teniendo lugar—un mestizaje en el que algunos "africanos" buscaban el modo de escalar dentro de la sociedad romana, como los inmigrantes de hoy que, al tiempo que insisten en el valor de sus culturas ancestrales, insisten también en que sus hijos aprendan el idioma del país de su residencia y se adapten a su cultura, a fin de tener mayor éxito social y económico. Agustín siempre se refiere a Mónica con respeto y devoción, pero en sus escritos vemos también la historia de una madre dominante —quizá de una mujer que, privada de autoridad en su hogar así como de cualquier otro medio de determinar su propia vida, vivía vicariamente en este hijo al cual prácticamente persiguió hasta que, poco antes de morir, pudo verle convertido y bautizado. El propio Agustín más tarde se describiría a sí mismo como un niño malcriado que lloraba y gritaba hasta que obtenía lo que quería, y bien podemos imaginar los choques y tensiones que habría entre el jovenzuelo malcriado y la madre dominante.

Los estudios

Con los recursos limitados que tenían, los padres de Agustín costearon su educación en Tagaste. Agustín cuenta que, aunque siempre tuvo gran curiosidad intelectual, los juegos y las andanzas con sus compañeros le interesaban más que los estudios. Cuando por fin llegó al límite de lo que podía aprender en Tagaste, fue a continuar sus estudios en la ciudad de Madaura (hoy M'Daourouch), a unos veinticinco kilómetros de distancia. Allí fue su tutor un tal Máximo. En una correspondencia bastante posterior, Agustín defiende lo "africano" y "púnico" frente a su maestro, quien insistía en el valor de lo romano, y por ello se adhería al paganismo. Agustín le dice:

> No creo que te hayas olvidado de ti, hasta el punto de que, siendo africano y escribiendo para africanos, pues ambos nos encontramos en África, estimaras vituperables los nombres púnicos. ... Si quieres vituperar el idioma púnico, atrévete a negar que en libros púnicos nos han sido transmitidas muchas sabias doctrinas, como autores doctísimos lo atestiguan. (*Epístola* 17.3)

Esto resulta interesante y significativo. Por el mismo tiempo en que escribía esta carta, Agustín confesaba que su conocimiento del idioma púnico era escaso, y no se atrevía a predicar en él —pero sí a citar proverbios púnicos en su predicación en latín. Esto es una instancia más del mestizaje que fue el contexto en que se formó el joven Agustín. Y no dista mucho de la experiencia de tantos latinos en los Estados Unidos quienes, al tiempo que reconocen lo escaso del conocimiento del idioma español que su educación les ha provisto, y prefieren hablar y escribir en inglés, si alguien critica el idioma español o las culturas latinas tradicionales, salen en pronta defensa de ese idioma y esas culturas.

En todo caso, antes que Agustín pudiera completar sus estudios en Madaura se agotaron los fondos disponibles, y el joven estudiante, que a la sazón contaba con dieciséis años de edad, tuvo que regresar a Tagaste, donde se dedicó de nuevo a sus andanzas con los amigos de la niñez.

Fue durante ese año que tuvo lugar el famoso incidente de las peras, en el que, según Agustín cuenta, él y un grupo de amigos robaron unas peras, no por el gusto de comerlas, pues estaban todavía verdes, sino por el gusto de hacer el mal. Más tarde Agustín reflexionaría sobre aquél incidente —y otros parecidos— y vería en él prueba del pecado original y de su propia corrupción:

> También yo quise cometer un hurto y lo cometí, no forzado por la necesidad, sino por penuria y fastidio de justicia y abundancia de iniquidad, pues robé aquello de que tenía en abundancia y mucho mejor. No era el gozar de aquello lo que yo apetecía en el hurto, sino el mismo hurto y pecado. (*Confesiones*, 2.4.9)

Por fin, gracias a Romaniano, hombre de recursos económicos que se interesaba en el futuro de este joven prometedor, Agustín pudo continuar sus estudios. Pero Romaniano no se contentó con lo que estaba disponible en Madaura, sino que le hizo ir a Cartago, la gran ciudad de la región, distante de Tagaste unos doscientos cincuenta kilómetros.

Libre por primera vez de las ataduras de sus padres, Agustín se dedicó a lo que él mismo más tarde llamaría una vida licenciosa. Se unió a una pandilla de estudiantes que aparentemente se autodenominaban "los destructores", y con ellos compartió tanto el hospedaje como muchas andanzas —algunas de ellas reales, y otras inventadas para impresionar a sus compañeros de pandilla. Según él mismo diría, por aquellos días estaba "enamorado de la idea misma del amor", y buscaba el modo de saciar sus apetitos como pudiera. Aunque asistía a la iglesia, más tarde declaró que lo hacía por ver a quién podría seducir. Al mismo tiempo, se presentaba en la escuela como estudiante ejemplar, cumpliendo sus obligaciones y destacándose entre sus compañeros. Así llevaba una vida doble, por una parte como joven serio y prometedor y como fiel cristiano, y por otra como mujeriego disoluto y aventurero. Pero pronto, muy a pesar de sus amigos y de su madre, se enamoró y estableció relaciones relativamente permanentes con una mujer —aparentemente una esclava liberta— a quien tomó por concubina.

La historia de esta concubina y de la relación de Agustín con ella merece especial atención. Para entenderla, hay que saber ante todo que en aquella sociedad no era raro ni se condenaba el que un joven de buena familia tomara una concubina, y que viviera con ella en relaciones maritales por espacio de varios años. Los romanos se preocupaban mucho por cuestiones de herencia, y los hijos legítimos o adoptivos eran los únicos que tenían derecho a heredar. Por ello, era costumbre que un joven tomara una concubina y viviera con ella, frecuentemente en fidelidad monogámica, hasta llegar a unos treinta o cuarenta años de edad. Entonces tomaba una esposa legal, no por razones de gusto o de amor, sino sencillamente para procrear herederos legales. Cuando el varón contraía matrimonio, unas veces dejaba a la concubina, y otras seguía con ella. Pero en todo caso el concubinato era una relación socialmente aceptable. Al parecer, Agustín le fue fiel a su concubina durante los once años que vivió con ella. Aunque aparentemente Agustín y su concubina se esforzaban por no tener hijos, de su unión nació un hijo a quien pusieron por nombre Adeodato —es decir, dado por Dios. La importancia de este nombre se discute pues, aunque su forma es latina, no es en realidad un nombre de origen latino, sino traducción exacta de un nombre púnico bastante común —Iatan-Baal.

Por esos mismos días Patricio se convirtió, y murió poco después. Libre de las ataduras a su esposo que le obligaban a permanecer en Tagaste, Mónica pudo dedicar el resto de sus días a conducir a su hijo por lo que consideraba ser el camino recto. Pronto se presentó en Cartago, donde repetidamente le hizo ver a Agustín su disgusto con la concubina que este había tomado, y comenzó a instarle a abandonarla. Aunque ciertamente parte de su motivación era de carácter moral, al parecer había también otras razones para esa oposición. En cuanto a las cuestiones de moral, el concubinato no era siempre mal visto por la iglesia, pues eran frecuentes los casos de parejas que por diversas razones no podían o no debían casarse ante la ley. Por ello los obispos de África habían declarado que el concubinato monógamo, aunque no alcanzara el nivel del matrimonio legal, era aceptable, y que los cristianos que vivieran en tal relación no serían excomulgados como pecadores. Quizá Mónica temía que la relación permanente que Agustín tenía con esta concubina —al parecer una esclava liberta de raíces africanas y por tanto de nivel social inferior— le llevara al matrimonio y que esto fuera obstáculo en la carrera que planeaba para él. Quizá temía que su hijo cometiera el mismo error social que su esposo había cometido al casarse con ella. En todo caso, bien podemos imaginar que sus relaciones con la concubina de su hijo serían semejantes a las que ella misma había tenido con su propia suegra.

Responsable ahora por los gastos del hogar que había constituido con su concubina, Agustín se vio en la necesidad de trabajar para buscar su sustento. Con ese propósito regresó a Tagaste, donde estuvo por espacio de un año. Ya para esa fecha le atraía el maniqueísmo —sobre el que trataremos en breve— y Mónica se negó a recibirle, aunque a la postre, al parecer a regañadientes, se reconcilió con este hijo suyo que se había vuelto hereje. Pero en Tagaste las cosas no marcharon bien: las finanzas de Agustín eran precarias, sus relaciones con Mónica eran tensas, y su mejor amigo sufrió una muerte inesperada. Disgustado por todo esto, Agustín decidió regresar a Cartago con su concubina y con Adeodato.

Puesto que sus estudios se centraban en la retórica, durante ocho años Agustín se dedicó a enseñar esa materia en Cartago, y logró reunir suficientes estudiantes para cubrir sus gastos. Pero aquello no le satisfacía, en parte porque la retórica misma le parecía cada vez más una disciplina vacía de contenido, y en parte porque sus estudiantes le prestaban poca atención y seguían el mismo estilo de vida disoluta que él mismo había seguido hasta poco antes. Por aquellos días intentó dedicarse a la literatura, y escribió su primer libro; pero nadie lo compró ni le hizo caso. Por fin, disgustado también con su vida en Cartago, decidió partir hacia Roma, llevando consigo a Adeodato y a su concubina. Mónica se oponía a tal proyecto, en parte porque no quería que su hijo se apartara de ella, y en parte porque temía las influencias paganas de la gran capital del Imperio. Por fin Agustín partió furtivamente, diciéndole a su madre que había decidido permanecer en Cartago, y embarcándose esa misma noche, aprovechando el reflujo de la marea.

Durante aquellos años en Cartago, al tiempo que continuaba sus estudios y su enseñanza y buscaba el modo de sostener a su familia, su mente inquieta llevó a Agustín por rumbos inesperados. La retórica que estudiaba no se ocupaba de si algo era verdad o no, sino solamente sobre el mejor modo de convencer a una audiencia mediante la elegancia de lo dicho y los argumentos persuasivos. Uno de los grandes oradores de la antigüedad romana había sido Marco Tulio Cicerón, y por ello Agustín se dedicó al estudio de sus obras —sobre todo del Hortensio. Pero Cicerón había sido también filósofo, y pronto Agustín se convenció de que no bastaba con el buen decir, sino que también era necesario buscar la verdad de las cosas. Sobre el Hortensio, dice Agustín: "no era para pulir el estilo para lo que yo empleaba la lectura de aquel libro, ni era la elocución lo que a ella me incitaba, sino lo que decía" (*Confesiones*, 3.4.7). Comenzó así un largo peregrinar intelectual que le llevó primero al estoicismo al estilo de Cicerón, entonces a un breve período al escepticismo, luego al maniqueísmo, y por fin de vuelta a la fe cristiana de Mónica.

El estoicismo era una filosofía eminentemente práctica, pues no se ocupaba tanto de la verdad en sí como de la vida sabia. Lo importante no era entender las cosas, sino entender la vida y vivirla sabiamente. Así, era necesario reconocer la "ley natural" y vivir de acuerdo a esa ley, pues la felicidad consiste, no en lograr lo que se desea, sino en desear lo que se debe. Quien de veras es sabio no se deja llevar por sus pasiones, sino que alcanza la "apatía" —literalmente, la falta de pasiones— y gobierna su vida racionalmente. Para Agustín aquello, aunque era verdad, no era suficiente. Las enseñanzas de su madre y las historias bíblicas que había escuchado desde la cuna le hablaban de una verdad más allá de todo esto, de una verdad que explicaba el origen y propósito, no sólo de la vida, sino también del mundo en su totalidad. Además, si la vida sabia consistía en sobreponerse a las pasiones, Agustín sabía que esto le era imposible, pues aun a pesar de sus mejores intenciones las pasiones le arrastraban hacia donde racionalmente sabía que no debía ir.

Recordando las enseñanzas de Mónica, Agustín acudió a la Biblia en busca de esa gran verdad que buscaba. Pero tras sus estudios de retórica las historias y el estilo mismo de las Escrituras cristianas le parecían dejar mucho que desear. Según él mismo dice, las Escrituras "me parecieron indignas de parangonarse con la majestad de los escritos de Tulio [Cicerón]" (Confesiones, 3.5.9). Agustín no sabía hebreo ni griego —aunque sí había estudiado esta última lengua, nunca le gustó, y por tanto no la aprendió bien—, y leyó la Biblia en la antigua versión latina de origen desconocido que se conoce como la *Vetus latina*. Esa traducción no era siempre feliz, y fue por ello que algunos años después, todavía en vida de Agustín, Jerónimo produjo la Vulgata, elegante traducción que pronto se impuso. Luego, la Biblia latina que Agustín leía carecía de la elegancia de la Vulgata. Pero lo que le preocupaba no era solamente la falta de elegancia en el uso del latín, sino el hecho de que las historias mismas de la Biblia, con sus guerras, rebeliones, exilios y demás, no parecían decir gran cosa a quien andaba en busca de la verdad.

El maniqueísmo

Fue entonces que su interés comenzó a volverse hacia el maniqueísmo. Esta era una religión procedente de Persia que pretendía explicar el origen y funcionamiento del mundo sobre la base de un dualismo radical. Según el maniqueísmo, hay dos principios eternos e indestructibles: el de la luz, y el de las tinieblas. Estos dos principios deberían estar separados; pero el mundo presente es una mezcla de ambos, y es así que se explica el mal que en él hay. En cuanto al ser humano, este es también una mezcla de tinieblas (el cuerpo) y luz (el alma). La salvación consiste entonces en apartar el alma del cuerpo, pues solamente la primera puede salvarse, mientras el cuerpo es un obstáculo para la liberación del alma y ha de volver al reino de las tinieblas. A Agustín, todo esto le pareció responder a una de las grandes dificultades que veía en el cristianismo: Si hay un solo Dios, y este es bueno, ¿cómo se explica la existencia del mal?

Agustín se unió a los maniqueos, y fue miembro de esa secta por varios años, aunque nunca pasó de la categoría de los llamados "oyentes", ni se contó entre los "electos". Al parecer, nunca sintió el horror hacia su propio cuerpo que manifestaban algunos de los "perfectos" en la práctica ritual de la "endura", en que ayunaban hasta que morían de inanición. Además, aunque el maniqueísmo le parecía responder a la cuestión del origen del mal, todavía dejaba muchas otras preguntas sin respuesta. Al plantearles tales preguntas a los líderes maniqueos, estos le respondían que pronto vendría a Cartago el gran maestro Fausto, quien aclararía todas sus dudas. Cuando por fin llegó el tan anunciado maestro, Agustín no encontró en él mayor sabiduría que en los otros maniqueos que conocía. "Ya tenía los oídos hartos de tales cosas, y ni me parecían mejores por estar mejor dichas, ni más verdaderas por estar mejor expuestas" (*Confesiones*, 5.6.10). A partir de entonces, aunque siguió participando del grupo maniqueo a que se había unido, Agustín quedó descontento con esta religión que por un tiempo le pareció ofrecer respuesta a sus dudas.

Capítulo 2
Conversión y bautismo

Milán

En el capítulo anterior dejamos a Agustín huyendo con su concubina hacia Roma, a escondidas de Mónica, decepcionado con el maniqueísmo y todavía en angustiosa búsqueda de la verdad. Tras llegar a Roma, sus primeros meses en la capital del Imperio fueron difíciles, pues carecía tanto de dinero como de empleo, y él y su familia lograron subsistir gracias a la benevolencia de los maniqueos a quienes se unió. Además, cayó seriamente enfermo, y hasta se llegó a temer por su vida. Pero poco a poco se fue dando a conocer, y fue reuniendo un grupo de estudiantes de retórica, lo que le producía suficientes ingresos para poder subsistir. Por fin, al año siguiente de haber llegado a Roma, su amigo Simaco, maniqueo y prefecto de la ciudad, le recomendó para una plaza vacante en Milán, ciudad que entonces servía frecuentemente de residencia imperial, y donde su carrera como profesor de retórica por fin tomó un giro prometedor. Puesto que ahora Agustín prosperaba económicamente, pronto se reunió en torno suyo —y también a su costa— un círculo que incluía a varios amigos, así como a su madre Mónica, su hermano Navigio, su concubina, su hijo Adeodato y otros parientes.

Al llegar a Milán, Agustín había descartado la mayoría de sus anteriores ideas maniqueas, y su relación con los maniqueos de la ciudad parece haber sido de carácter social más bien que religioso. La decepción sufrida al escuchar al famoso Fausto le llevó por un tiempo al escepticismo —cuyos seguidores se daban entonces el nombre de "académicos", y contra los cuales escribiría más tarde. Pero el escepticismo no le parecía sino una capitulación en su búsqueda de la verdad, y pronto lo abandonó. En el entretanto, Mónica seguía insistiendo en que debía volver a la fe en que ella había procurado criarle.

El neoplatonismo

En medio de aquellas luchas intelectuales y emocionales, Agustín comenzó a volverse hacia las enseñanzas neoplatónicas. Algún tiempo antes, en la obra de Plotino y otros, el antiguo platonismo se había ido convirtiendo en una filosofía religiosa. Según esa doctrina toda la realidad procede del Uno en una serie de emanaciones o círculos concéntricos, de modo que mientras más se alejan las cosas de ese Uno, y se mueven hacia lo múltiple, menos valiosas y menos buenas son. Ese Uno es puramente espiritual, pues lo corpóreo es múltiple, y en la jerarquía del ser la materia se encuentra muy por debajo de lo incorpóreo y espiritual.

Según el propio Agustín diría más tarde, el neoplatonismo le ayudó a resolver dos cuestiones que siempre habían sido obstáculo en su aceptación de la doctrina cristiana: la cuestión de cómo explicar la existencia del mal, y la incorporeidad de Dios.

En cuanto a la existencia del mal, en contraste con los maniqueos los neoplatónicos decían que no hay tal cosa como un principio del mal. La realidad no es doble, como la entendían los maniqueos, sino que toda ella proviene de esa única fuente que es el Uno. El mal entonces no es sino distanciamiento de ese Uno. Lo mejor es lo que más se acerca al Uno; y lo peor, lo que más se aleja de él y más se inclina a la multiplicidad. No hay realidad alguna que sea mala en sí misma. Todo es bueno. Se dice que algo es malo cuando no ocupa su lugar en la jerarquía del ser. Uno de los muchos ejemplos que Agustín da es el de un mono. El mono en sí no es feo. Como mono, es hermoso y es lo que debe ser. Pero si un ser humano toma la forma de un mono, se dice que es feo, que no es lo que debería ser, que algo anda

Conversión y bautismo

mal. De igual manera, los seres intelectuales —las almas y los ángeles— han sido hechos para contemplar al Uno, y si se apartan de esa contemplación, y se inclinan hacia lo múltiple, hacen mal. En resumen, en lugar del dualismo de los maniqueos, que antes le pareció explicar la existencia del mal, Agustín ahora optó por el monismo neoplatónico, y esto le ayudó a entender cómo es posible que en un mundo creado por un único Dios bueno pueda haber mal.

> E indagué qué cosa es la perversidad, y no hallé que fuera sustancia, sino la perversidad de una voluntad que se aparta de la suma sustancia, que eres tú, ¡oh Dios! (*Confesiones*, 7.16.22).

El neoplatonismo también ayudó a Agustín a aceptar la existencia del Dios puramente espiritual del cristianismo y de Mónica. La filosofía estoica que Agustín había aprendido de Cicerón y de otros, así como varias de las filosofías que por entonces circulaban en el mundo grecorromano, sostenían que no hay realidad alguna que no sea corpórea. El alma, los dioses, y cualquier otro ser espiritual que pueda concebirse no son sino cuerpos más sutiles que los que nuestros ojos ven. Los epicúreos, tan opuestos a los estoicos en muchos otros puntos, concordaban en que el intelecto no es sino un cuerpo compuesto de átomos más pequeños que el cuerpo físico. En medio de tales entendimientos, lo que Mónica y los demás cristianos decían, de un Dios puramente espiritual, no parecía ser sino necedades de gente inculta. Pero ahora Agustín encontraba en las enseñanzas de los neoplatónicos la aseveración de que en efecto, hay una realidad espiritual —lo que es más, que en fin de cuentas la realidad es espiritual, y que la materia no es sino distanciamiento de la realidad última, el Uno.

Así, el neoplatonismo ayudó a Agustín a vencer dos de los principales obstáculos intelectuales que se interponían en su camino hacia la fe de Mónica. Pero al mismo tiempo le llevaba hacia un monismo en el que el mundo no era sino una emanación del Uno Inefable, y no una creación de la voluntad divina. Más adelante dejaría a un lado ese monismo, pero continuaría explicando la naturaleza del mal como había aprendido del neoplatonismo.

Ambrosio

Pero todavía le quedaba a Agustín el impedimento de que las Escrituras que Mónica decía ser Palabra de Dios le parecían escritos de escaso valor literario o filosófico. Por la misma época escuchó hablar de las dotes de persuasión del obispo de la ciudad, Ambrosio, y por fin fue a escucharle, no porque pensara que iba a aprender algo acerca de la verdad, sino para ver qué recursos retóricos empleaba el famoso predicador. Ambrosio le sorprendió, y el propio Agustín más tarde daría fe de que había ido a la catedral a escuchar cómo hablaba Ambrosio:

> "Oíale con todo cuidado cuando predicaba al pueblo, no con la intención que debía, sino como queriendo explorar su facundia y ver si correspondía a su fama...". (*Confesiones*, 5.13.23)

Empero pronto se encontró prestándole más atención a lo que Ambrosio decía, de modo que, según el mismo cuenta, "empezaron a parecerme defendibles aquellas cosas", hasta llegar a la conclusión de que la fe de Ambrosio y de Mónica

> podía afirmarse y sin temeridad alguna, máxime habiendo sido resueltos ... los enigmas del Viejo Testamento, que interpretados por mí a la letra, me daban muerte. (*Confesiones*, 5.14.24)

Este testimonio del propio Agustín nos ofrece importantes indicios acerca del modo en que al escuchar a Ambrosio Agustín pudo ir combinando la cultura romana de su padre y de sus estudios con la fe de su madre. En esta etapa de su vida, lo logró gracias a la interpretación alegórica de las Escrituras. Ambrosio interpretaba de ese modo las Escrituras que más dificultades le causaban a Agustín. Tal interpretación alegórica, hoy bastante criticada —y con razón— en aquel tiempo era un recurso retórico perfectamente aceptable, que el propio Agustín practicaba y enseñaba entre sus alumnos al analizar y explicar la literatura clásica. Resultaba ahora que los textos bíblicos que antes le parecieron burdos tenían en realidad contenidos profundos; que apuntaban hacia verdades eternas; que combinaban el llamado a la vida sabia de los estoicos con la proclamación del Uno de los neoplatónicos.

A partir de entonces, gracias en parte a los neoplatónicos y en parte a Ambrosio y otros intérpretes que veían en las Escrituras alegorías con sentidos más profundos y espirituales, Agustín pudo aceptar intelectualmente buena parte la fe de Mónica. Ya no parecía quedarle razón alguna para dudar de esa fe, ni para pensar que era incompatible con lo mejor de la cultura romana.

Las luchas internas

Por otra parte, no debemos olvidar que aquel maestro de retórica que buscaba la verdad filosófica también se debatía en medio de difíciles decisiones personales. Mónica insistía en que debía apartarse de su concubina. Él se resistía a ello. Por fin lo hizo, enviándola de regreso a Cartago y quedándose él con Adeodato. Fue una decisión cruel, y frecuentemente se ha criticado a Agustín porque ni siquiera dejó constancia del nombre de aquella mujer que le había dedicado tantos años de su vida. Otros argumentan que no menciona su nombre porque cuando Agustín escribió sus Confesiones ella posiblemente vivía todavía en la cercana ciudad de Cartago, y dar su nombre en un libro que intentaba publicar hubiera sido una enorme indiscreción que posiblemente le causaría a ella más dolor todavía. Sea cual fuera el caso, el hecho es que Agustín no se despidió de ella gustosamente. Al contrario, años más tarde todavía escribía palabras en las que recordaba el dolor de aquella separación a que su madre le forzaba:

> ... arrancada de mi lado, como un impedimento para el matrimonio, aquella mujer con quien yo solía compartir mi lecho, mi corazón, sajado por aquella parte que le estaba pegado, me había quedado llagado y manaba sangre. Ella, en cambio, vuelta al África, te hizo voto, Señor, de no conocer otro varón, dejando en mi compañía al hijo natural que yo había tenido con ella (*Confesiones*, 6.15.25).

Pero el rendirse a las presiones de Mónica no hizo que Agustín siguiera una vida mucho más recta. Mónica inmediatamente hizo arreglos para que su hijo se casara con una joven de buena familia, de modo que ese matrimonio le ayudara en su carrera civil. Pero la joven era todavía niña, y el matrimonio prometido tendría que esperar. En el entretanto, privado de su concubina de tantos años, Agustín buscó solaz en otras mujeres, y pronto se hizo de una nueva concubina —si no con el apoyo de Mónica, al parecer al menos con su acuerdo tácito.

A todo esto se sumaban cuestiones de salud que conllevaban dificultades profesionales, pues Agustín enfermó de lo que algunos eruditos hoy piensan era un asma de origen sicosomático —es decir, producto de sus angustias y ansiedades. Según él mismo cuenta:

> Así que, cuando en este mismo verano, debido al excesivo trabajo literario, había empezado a resentirse mi pulmón y a respirar con dificultad, acusando los dolores de pecho que estaba herido y a negárseme a emitir una voz clara y prolongada, me turbó algo al principio, por obligarme a dejar la carrera de aquel magisterio casi por necesidad o, en caso de querer curar y convalecer, de interrumpirlo... (*Confesiones*, 9.2.4)

Todo esto colocaba al joven profesor de retórica en medio de un torbellino de emociones, convicciones, resoluciones pronto abandonadas, deseos de vivir la fe de su madre, y una fuerte inclinación a rechazarla por parecerle demasiado rígida e impracticable. Según él mismo diría más tarde, por aquel entonces le pedía a Dios, "dame castidad, pero no todavía" (Ibid. 8.7.17).

Lo que hacía más violento aquel torbellino era en parte que el mismo neoplatonismo que antes había ayudado a Agustín a sobreponerse a sus dudas intelectuales ahora le hacía pensar que si aceptaba la fe de Mónica tendría que seguir lo que entonces se llamaba la "vida filosófica" o, entre cristianos de inclinaciones semejantes, la vida de "ocio cristiano" —es decir, una vida de contemplación, estudio, oración y abstinencia sexual. Poco después de aquel tiempo, Agustín diría que ...

> ... para mí no había mejor suerte que la que me permitiese consagrarme completamente al estudio de la sabiduría, ni otra vida dichosa sino la que se vive conforme a ella, pero yo me veía atado por la urgencia de atender con mi trabajo a los míos, y por otras muchas necesidades, como también por cierta vergüenza por mi parte, y el temor de arrastrar a mis parientes a una miseria bochornosa. (*Contra los académicos* 2.2.4)

Aparentemente Mónica no pensaba en los mismos términos, pues al tiempo que quería que su hijo aceptara su fe procuraba que hiciera un buen matrimonio que le ayudara a mejorar su posición en la sociedad. Y el propio Agustín temía declararse públicamente como creyente en lo que para buena parte de la población más culta y distinguida parecía cuestión de gente inculta.

El huerto

En esto estaban las cosas cuando Agustín conoció a "un tal Ponciano", también africano como Agustín. Al ver que Agustín leía las cartas de Pablo, Ponciano comenzó a hablarle de los héroes de la fe cristiana, y en particular de los monjes del desierto egipcio, y luego de los monjes que vivían en las afueras mismas de Milán. Agustín se sorprendió al saber que en su tiempo había todavía quienes de tal modo dedicaban sus vidas a su fe, y se sintió avergonzado de no ser capaz de hacer lo mismo. Esa vergüenza llegó al colmo al saber de la conversión de Mario Victorino. Victorino era el erudito que había traducido al latín buena parte de los escritos neoplatónicos que Agustín tanto admiraba. Pero ahora Agustín se enteró de que Victorino mismo se había convertido y que, aunque se le ofreció la oportunidad de abrazar la fe en privado para así evitar el ridículo de que sería objeto por parte de muchos de sus colegas, insistió en hacerlo en público, como el más humilde y sencillo de los creyentes. Hasta entonces Agustín pudo pensar que la fe de los monjes del desierto era cuestión de gente sencilla y sin letras, y no para personas cultas como él —podríamos decir que era una fe buena para los bereberes como su madre, pero no para quienes de veras conocían lo mejor de las letras y las ciencias. Pero ahora uno de sus propios héroes en el conocimiento de las letras clásicas se declaraba abiertamente cristiano.

Esto era demasiado para Agustín, quien ahora se preguntaba a sí mismo: "¿Hasta cuándo, hasta cuándo ¡mañana!? ¿Por qué no hoy? ¿Por qué no poner fin a mis torpezas en esta misma hora?" Fue entonces que tuvo lugar el famoso incidente del huerto de Milán, frecuentemente llamado "la conversión de San

Agustín". En sus *Confesiones*, nos cuenta el propio Agustín que se encontraba en un huerto en Milán, y "lloraba con amarguísima contrición de mi corazón" cuando escuchó la voz de un niño o niña que repetía: *tolle lege, tolle lege* —toma y lee, toma y lee. Se apresuró entonces a donde había dejado un códice de las cartas de Pablo:

> Toméle, pues; abríle y leí en silencio el primer capítulo que me vino a los ojos: "No en contiendas y embriagueces, no en lechos y en liviandades, no en contiendas y emulaciones, sino revestíos de nuestro Señor Jesucristo y no cuidéis de la carne con demasiados deseos".
> No quise leer más, ni era necesario tampoco, pues al punto que di fin a la sentencia, como si se hubiera infiltrado en mi corazón una luz de seguridad, se disiparon todas las tinieblas de mis dudas. (*Confesiones*, 8.12.29)

Casicíaco

La experiencia del huerto de Milán llevó a Agustín a emprender la vida de "ocio cristiano" que antes había sido un ideal que no se atrevía a emprender. Se retiró entonces con Mónica, Adeodato y otros cuatro amigos —entre quienes se contaba Alipio, su amigo más cercano y más tarde obispo de Tagaste— y alumnos, a una casa de campo que su amigo Verecundo poseía en Casicíaco, al pie de los Alpes. Corría entonces el otoño del 386, y Agustín no regresaría a Milán sino en la primavera siguiente. Al parecer, Mónica manejaba el lugar, y Agustín y el resto se dedicaban al estudio, la meditación y las conversaciones filosóficas y religiosas.

Fue allí en Casicíaco, después de la experiencia del huerto y antes de su bautismo, que Agustín escribió las primeras de sus obras que se conservan. En ellas vemos los temas que principalmente le interesaban, y notamos también que, al tiempo que se planteaba profundas cuestiones religiosas, no mostraba gran interés en la iglesia como tal ni en su misión en medio de la sociedad. Eran obras producto del "ocio cristiano", dedicado al solaz personal en compañía exclusiva de un pequeño grupo de amigos con intereses semejantes.

El primer producto literario de esa vida de supuesto ocio fue su tratado *Contra los académicos*, una obra en tres libros compuesta en poco más de diez días en el mes de noviembre. Va dirigida a su antiguo benefactor Romaniano, gracias al cual Agustín había podido estudiar y quien ahora se encontraba en circunstancias estrechas. Aparentemente Agustín se preocupaba porque bien pudiera parecerle a Romaniano que el dinero invertido en sus estudios había sido un despilfarro inútil, pero también y sobre todo por hacerle ver que los bienes y pompas del mundo, en lugar de llevar a la felicidad, bien pueden obstaculizar el camino hacia ella.

En un llamado a la "vida filosófica" en el que a la vez invita a Romaniano a seguirla y le explica por qué ha abandonado su carrera como profesor de retórica, Agustín le dice:

> Aquella cualidad, pues, aquella disposición tuya, que te ha hecho siempre buscar la honestidad y la hermosura; por la que has querido ser más liberal que rico; por la que preferiste ser más justo que poderoso, sin ceder jamás a la adversidad y a la injusticia; esa disposición, te repito, esa no sé qué prerrogativa divina, que estaba como sepulta bajo el sueño letárgico de la vida, se ha propuesto la oculta Providencia despertar con tan diversos y fuertes sacudimientos.
>
> Despiértate, despiértate, te ruego; créeme, será para ti una dicha que no te hayan cautivado con sus halagos los favores de este mundo que seducen a los incautos. También se empeñaban en seducirme a mí, aunque reflexionaba todos los días sobre estas cosas, a no haberme forzado un dolor de pecho a abandonar mi charlatanería profesional y a refugiarme en el seno de la filosofía. (*Contra los académicos*, Introd. 1.3.)

El argumento de toda la obra es que la vida sabia es posible porque también es posible alcanzar la sabiduría. Según los "académicos" —es decir, los escépticos— es imposible alcanzar la verdad. Pero eso no es cierto, pues al menos sabemos lo que sentimos: "No hallo cómo un académico puede refutar al que dice: Sé que esto me parece blanco; sé que esto deleita mis oídos..." (Ibid. 3.11.26). Por ello, Agustín le recomienda a Romaniano que siga el camino de los platónicos, pero siempre regido por la revelación divina:

> Pues a nadie es dudoso que una doble fuerza nos impulsa al aprendizaje: la autoridad y la razón. Y para mí es cosa ya cierta que no debo apartarme de la autoridad de Cristo, pues no hallo otra más firme. En los temas que exigen arduos razonamientos —pues tal es mi condición que impacientemente estoy deseando conocer la verdad, no sólo

por fe, sino por comprensión de la inteligencia —confío entre tanto hallar entre los platónicos la doctrina más conforme con nuestra revelación. (Ibid. 3.20.43)

Por los mismos días escribió también sus dos libros *Del orden*, en los que aborda el problema de la existencia del mal —problema que tanto le había perturbado antes, y le había llevado a buscar la verdad en el dualismo de los maniqueos. Escrito en un bello estilo que nos recuerda los diálogos de Platón, el libro registra una serie de conversaciones sobre el tema del orden del universo, y cómo refleja los designios y gobierno de la divina Providencia. En algunas de esas conversaciones Mónica participa también, y Agustín dice de ella que "se me descubrió tanto su espíritu que ninguno me parecía más apto que ella para el cultivo de la sana filosofía" (*Del orden*, 2.1.1). Allí continúa el tema del camino hacia el conocimiento, ya abordado en *Contra los académicos*, y una vez más Agustín refleja las opiniones de la tradición platónica, en la que solamente los pocos sabios han de entender la verdad, mientras que "los muchos" —*hoi polloi*— han de conformarse con aceptar la verdad que los sabios afirman:

> Dos caminos hay que llevan al conocimiento: la autoridad y la razón. La autoridad precede en el orden del tiempo, pero en realidad es preferible la razón. ... Así, pues, si bien a la multitud ignorante parece más saludable la autoridad de los buenos, la razón es preferida por los doctos. (*Del orden*, 2.9.26)

En su esencia, el argumento de Agustín sigue lo que había aprendido de los neoplatónicos. Desde tal perspectiva, el mal no existe como substancia, sino que es un distanciamiento del bien, que en fin de cuentas es lo único que existe. Esto llega al punto en que Agustín afirma que hasta el mal moral tiene su lugar en el orden providencial. Licencio —uno de los partícipes de la conversación— pregunta "si todo lo que obra el necio se hace también con orden". A ello responde el propio Licencio que "aunque la vida inconstante de los necios no se halla ordenada por ellos mismos, sin embargo, la divina Providencia la encaja dentro de un orden". Y Agustín interviene entonces en la conversación reafirmando lo que Licencio ha dicho mediante una serie de símiles: el verdugo tiene su lugar en la sociedad, como lo tienen también las prostitutas y otras personas de prácticas inmorales. Lo que se ve en el orden social —así como en el reino animal, según otros ejemplos que Agustín da— es que la divina Providencia lo coloca todo en su sitio. Más tarde, particularmente al escribir contra los maniqueos, le sería necesario dejarle más lugar al libre albedrío como razón del mal moral, de modo que tal mal no se pudiera justificar diciendo sencillamente que es parte del orden total del universo.

También más adelante el propio Agustín criticaría lo que escribió en este libro por haberle dado demasiado crédito a Platón, y no recalcar suficientemente las diferencias entre las doctrinas de aquel filósofo y las del evangelio. Así dice en sus *Retractaciones* (año 426) que ...

> ... merece censurarse lo que yo, no en nombre de Platón, sino en el propio, escribía acerca de los dos mundos, el uno sensible y el otro inteligible, como si el Señor hubiera querido enseñar lo mismo al decir, no "mi reino no es del mundo", sino "mi reino no es de este mundo". ... Pero si Cristo se refirió a otro mundo, mejor se puede entender el futuro, en que habrá cielo nuevo y tierra nueva y se cumplirá lo que pedimos diciendo: "Venga a nos el tu reino".

También en aquellos días de noviembre escribió el breve tratado *De la vida feliz* —o *De beata vita*— enmarcado en una serie de conversaciones en torno a su cumpleaños (el 13 de noviembre). Allí, a manera de una alegoría sobre las zozobras de un viaje marítimo, nos da un atisbo de lo que más tarde sería su autobiografía espiritual, las *Confesiones*, al tiempo que describe, en términos tomados de la filosofía de la época y particularmente de Cicerón, esa "vida filosófica", "vida feliz" u "ocio cristiano" que para él era la vida ideal. Resulta interesante que allí es Mónica quien tiene la última palabra:

> "Esta es, sin duda, la vida feliz, porque es la vida perfecta, y a ella ... podemos ser guiados en alas de una fe firme, una gozosa esperanza y ardiente caridad. (*De beata vita* 4.35)

Por último, entre las obras de aquellos tranquilos días en Casicíaco, hay que mencionar los *Soliloquios*, escritos en el invierno del mismo año. Siguiendo el modelo de Séneca, quien había escrito un diálogo entre la razón y los sentidos, Agustín escribe unos diálogos internos entre él mismo y su propia razón —por lo cual muy acertadamente se les llama *Soliloquios*, es decir, conversaciones consigo mismo. Es un libro valiosísimo en el que se encuentran oraciones tales como:

> Dios, creador de todas las cosas, dame primero la gracia de rogarte bien, después hazme digno de ser escuchado y, por último, líbrame. ... Dios, separarse de ti es caer; volverse a ti, levantarse; permanecer en ti es hallarse firme. Dios, alejarse de ti es morir, volver a ti es revivir, morar en ti es vivir. Dios, a quien nadie pierde sino engañado, a quien nadie busca sino avisado, a quien nadie halla sino purificado. (*Soliloquios* 1.1.2-3)

El tema central de los Soliloquios es el conocimiento de la verdad, que para Agustín se resume en "el conocimiento de Dios y del alma" —resumen parecido al que siglos más tarde Juan Calvino ofrecería como programa fundamental del conocimiento humano (*Institución de la Religión Cristiana*, 11.1.1). La pasión de Agustín por ese conocimiento es tal, que llega a decir que sus amigos no son sino un "medio de alcanzar con ellos la verdad", y que "yo amo a la sabiduría por sí misma, y las demás cosas deseo poseerlas o temo que me falten sólo por ella: la vida, el reposo, los amigos". (*Soliloquios* 1.12.20, 1.13.22)

La verdad que Agustín busca ha de entenderse en términos platónicos, como lo absolutamente inmutable y racional, y por tanto esa búsqueda requiere "la fuga radical de las cosas sensibles" (1.14.24). Desde tal perspectiva, "sólo son verdaderas las cosas inmortales" (1.15.29), y "yerra, no el que ve apariencias engañosas, sino el que asiente a ellas" (2.3.3). Ese mismo platonismo lleva a Agustín a aseveraciones que parecen indicar que en ese tiempo todavía consideraba la posibilidad de la preexistencia de las almas (2.20, de lo que más tarde se retractó), y ciertamente que concordaba con los platónicos en que el error es una especie de olvido: "no debes temer ninguna muerte en ti, sino el olvido de que eres inmortal" (2.19.33). También le lleva a un modo de comprobar la verdad de su propia existencia que nos recuerda el *Discurso del método* de Descartes:

> Razón.– Tú que deseas conocerte, ¿sabes que existes?
> Agustín.– Lo sé.
> R.– ¿De dónde lo sabes?
> A.– No lo sé.
> R.– ¿Sabes que piensas?

Conversión y bautismo

A.– Lo sé.
R.– Luego es verdad que piensas.
A.– Ciertamente. (*Soliloquios*, 2.1.1)

En todo esto vemos al Agustín de la cultura grecorromana, imitador de Séneca y de Cicerón y —aunque nunca le agradó ni verdaderamente aprendió el griego— de Platón y Plotino. Su ideal es la vida ociosa del filósofo dedicado a la consideración de temas profundos y a la conversación sobre ellos con otras personas de inclinaciones semejantes. Nada se dice aquí sobre la comunidad de la iglesia como lugar en que tiene lugar la vida cristiana. Sí se habla de la autoridad de la revelación y de los Evangelios; pero esa autoridad parece estar desligada de la iglesia. Y poco o nada se dice sobre el lugar del culto —aunque sí de la oración en medio del grupo selecto que se reúne en Casicíaco—, sobre la práctica de la caridad hacia los necesitados como elemento esencial de la fe, o sobre la misión de la iglesia o de los creyentes.

Pero todo esto no es sino una de dos facetas en la fe de Agustín. Su madre, capaz de participar en las conversaciones de Casicíaco a pesar de no haber hecho estudios como los de Agustín y sus compañeros, le recordaría siempre que hay una comunidad de fe allende los límites de la "vida ociosa" del filósofo cristiano. En una carta que desafortunadamente se ha perdido, el propio Agustín le había escrito a Ambrosio contándole de sus errores y dudas, y pidiéndole que le indicase algunas lecturas que pudieran serle de ayuda. Ambrosio le recomendó que leyera al profeta Isaías; pero Agustín empezó a leerlo y lo encontró tan difícil de entender que pospuso su lectura para cuando estuviera más avanzado en la fe. Agustín sabía, porque era parte de lo que Mónica siempre la había enseñado, que la participación en la comunidad de fe es esencial para la vida cristiana, y que el creyente individual se une a esa comunidad mediante el bautismo. No bastaba con indagar acerca de Dios y del alma. Para aceptar la fe de Mónica era necesario también aceptar la iglesia de Mónica, y hacerlo mediante pública confesión de fe —como lo había hecho su muy admirado Mario Victorino. Por ello, tras unos meses en Casicíaco, Agustín regresó a Milán para ser bautizado.

Bautismo

Al regresar a Milán, Agustín se inscribió entre los candidatos al bautismo, junto a su hijo Adeodato y su mejor amigo, Alipio. Era ya el mes de marzo, y Agustín esperaba recibir el bautismo la víspera de Resurrección, es decir, en la noche del 24 al 25 de abril de ese año 387. Un siglo antes tal cosa no hubiera sido posible, pues lo normal era que el catecumenado —el período de preparación para el bautismo— durara al menos unos dos años. Pero ahora las cosas habían cambiado. Cuando el Imperio se declaró cristiano, bajo Constantino y sus sucesores, la iglesia se vio inundada de candidatos que pedían el bautismo, y no contaba con el número necesario de maestros para continuar el riguroso catecumenado de antes, y por tanto el proceso se había ido abreviando. Ambrosio, quien bautizaría a Agustín, había sido electo obispo de Milán cuando todavía no era bautizado, y en una semana se dieron los pasos necesarios para llevarle de catecúmeno a obispo. Pero así y todo, el pedir el bautismo y recibirlo al mes siguiente era insólito. Lo que aconteció en el caso de Agustín fue la aplicación de un proceso que él mismo sugeriría trece años más tarde, en su tratado *De la instrucción de los indoctos*.

En esa otra fecha (el año 400), Deogratias, un diácono de Cartago muy buscado como instructor de catecúmenos, le había escrito a Agustín pidiéndole consejos sobre cómo enseñar a los neófitos. En su respuesta. Agustín le ofrece un bosquejo de lo que ha de enseñarse y del proceso a seguir. Pero también ofrece una excepción que no es sino su propio caso:

> No hemos de olvidar el caso de quien viene a ti para recibir el catecismo, pero es persona preparada en las artes liberales quien ha decidido hacerse cristiana y ahora viene con el propósito de poder participar de los sacramentos. Tales personas, desde tiempo antes de venir a hacerse cristianas, probablemente han indagado diligentemente todas estas cosas, y han discutido y conversado con quienes han podido sobre sus propios sentimientos. Con los tales has de tratar brevemente, no enseñándoles tediosamente lo que ya saben, sino mencionándolo modestamente, de modo que puedas decir que ya saben tal o cual otra cosa sin tener que martillarla como en el caso de los indoctos e ignorantes. ... También es bueno que les preguntes por qué desean ser cristianos y qué libros han leído, ya sean canónicos o por buenos comentaristas. ... Todas estas cosas han de discutirse humildemente con quien se acerca a la comunidad cristiana, no como

indocto, sino pulido y cultivado mediante los libros de los doctos. (*Instrucción de indoctos*, 1.8.12-13)

Puesto que Agustín y sus compañeros eran precisamente el tipo de persona a quienes esas palabras se refieren, pudieron ser bautizados tras una instrucción de unas pocas semanas. Pero esto no quiere decir que el bautismo fuera para ellos cosa de menor importancia. La preparación misma que se les daría sería de suprema importancia antes de que se les permitiera recibir el bautismo. Por espacio de varias semanas, Agustín y sus compañeros recibirían instrucción sobre la fe cristiana y las enseñanzas de la iglesia —aunque buena parte de esas enseñanzas se considerarían tan sagradas que no se les darían sino al último momento.

Por fin, llegado el 24 de abril, vísperas del domingo de Resurrección, toda la iglesia se reunió en la basílica donde Ambrosio celebraba el culto. Pero Agustín y sus acompañantes, así como los demás candidatos al bautismo, no estaban allí, sino en un lugar aparte anejo a la basílica, el baptisterio. Allí se separó a los varones de las mujeres, pues se les bautizaría desnudos. Antes de bautizarles, cada uno de ellos tuvo que renunciar ceremonialmente al diablo y al mundo con toda su pompa, probablemente volviéndose hacia el occidente, lugar de tinieblas, y escupiendo en señal de desprecio. Luego se volvieron hacia el oriente y declararon su fe en Jesucristo, Sol de Justicia.

Al igual que los demás, Agustín entró a las aguas bautismales, donde se arrodilló, mientras Ambrosio le preguntó acerca de su fe en el Padre, el Hijo y el Espíritu Santo, y le vertió agua sobre la cabeza tres veces. Al salir del bautismo, cada uno recibió una túnica blanca —no en señal de pureza, sino de novedad de vida y de victoria, pues en esa época el blanco era señal de victoria. Y entonces se le ungió con aceite, en señal de que ahora era rey y sacerdote, parte del "real sacerdocio" que es el pueblo de Dios.

Vestidos todavía en sus túnicas blancas, los neófitos entraron a la basílica, donde la congregación les recibió con aclamaciones y vítores. Si, como es probable, continuaban todavía los ritos de siglos anteriores, se les daría a beber, además del cáliz de vino, otro cáliz con leche y miel, en señal de la entrada a la tierra prometida. En todo caso, allí Agustín recibió por primera vez la comunión de que su madre había participado por varias décadas al menos una vez por semana, y por tanto vino a ser parte del mismo cuerpo de Cristo de que su madre era también miembro.

Aunque Agustín recibió el bautismo de manos de Ambrosio, aparentemente el famoso obispo no se percataba de la promesa de este neófito, pues en sus obras no menciona el haberle bautizado. Pero la presencia conjunta de aquellos dos grandes líderes cristianos en un mismo baptisterio le dio origen más tarde a una leyenda según la cual, al salir Agustín de las aguas bautismales, él y Ambrosio espontáneamente compusieron el himno conocido como *Te Deum*.

Ostia

Agustín decidió entonces regresar a África, para allí dedicarse a la vida filosófica y contemplativa, junto a su hijo Adeodato, su madre Mónica y un grupo de amigos. Pero el usurpador Máximo tenía bloqueados los puertos, y Agustín tuvo que permanecer por algún tiempo en Ostia, puerto desde donde esperaba embarcarse de regreso a su tierra natal. Allí Mónica enfermó y murió —no sin antes compartir con su hijo algo de las alegrías de su nueva fe, en lo que frecuentemente se llama "la visión de Ostia":

> ... sucedió ... que nos hallásemos solos yo y ella [Mónica] apoyados sobre una ventana, desde donde se contemplaba un huerto o jardín que había dentro de la casa ... Allí solos conversábamos dulcísimamente ... Abríamos anhelosos la boca de nuestro corazón hacia aquellos raudales soberanos de tu fuente ... para que, rociados según nuestra capacidad, nos formásemos de algún modo idea de cosa tan grande.
> Y ... levantándonos con más ardiente afecto hacia el que es siempre el mismo, recorrimos gradualmente todos los seres corpóreos, hasta el mismo cielo, desde donde el sol y la luna envían sus rayos a la tierra. Y subimos todavía más arriba ... y llegamos hasta nuestras almas y las pasamos también, a fin de llegar a la región de la abundancia indeficiente, en donde tú apacientas a Israel eternamente con el pasto de la verdad ...
> Y mientras hablábamos y suspiramos por ella, llegamos a tocarla un poco con todo el ímpetu de nuestro corazón; y suspirando y dejando allí prisioneras las primicias de nuestro espíritu, tornamos al estrépito de nuestra boca ... (*Confesiones*, 9.10.23-25)

Conversión y bautismo

Entonces, vueltos a la conversación entre sí, Mónica le dijo a Agustín palabras que él cita:

> Hijo, por lo que a mí toca, nada me deleita ya en esta vida. No sé qué hago en ella ni por qué estoy aquí, muerta a toda esperanza del siglo. Una sola cosa había por la que deseaba detenerme un poco en esta vida, y era verte cristiano católico [es decir, no donatista] antes de morir. Superabundantemente me ha concedido esto mi Dios, puesto que, despreciada la felicidad terrena, te veo siervo suyo. ¿Qué hago, pues, aquí? (Ibíd. 9.10.26)

A los pocos días, Mónica murió.

Capítulo 3
Del baptisterio al púlpito

Regreso a África

Hacia el fin del noveno libro de sus *Confesiones*, Agustín hace un recuento de las virtudes de Mónica y de sus sentimientos ante la muerte de aquella amada madre. Desafortunadamente, a partir de ese momento abandona el carácter autobiográfico de esa gran obra, de modo que los cuatro libros restantes nos dice poco acerca de los rumbos que tomaron su vida y pensamiento. Pero, afortunadamente, es también por la misma fecha que comienza una vasta actividad literaria —particularmente epistolar— que nos ayuda a seguir el curso de su vida, así como el desarrollo de su pensamiento y de su entendimiento de la fe cristiana. Más adelante, sus sermones ofrecerán también interesantes detalles de su vida, tanto antes como después de su ordenación.

En todo caso, tras enterrar a Mónica, Agustín y sus compañeros fueron a Roma, donde estuvieron hasta bien avanzado al año, cuando pudieron por fin continuar su viaje a África, pasar algún tiempo en Cartago, y aposentarse por fin en aquella Tagaste que había visto los primeros años de quien ahora volvía con un profundo sentimiento de que su vida comenzaba de nuevo. Agustín había salido de Tagaste rumbo a Cartago y luego a Roma con la esperanza de hacer una carrera como maestro de retórica en la cultura romana que su padre representaba. Ahora volvía, todavía imbuido de la atmósfera neoplatónica a que su

53

peregrinación intelectual le había llevado, pero también bautizado en la fe de su madre. Mónica había dedicado su vida a hacer de él un cristiano, miembro y partícipe de la fe de la iglesia. Ahora Agustín venía a Tagaste como cristiano bautizado, y esto quería decir dos cosas. Quería decir, en primer lugar, que ya su vida no podría ser la de un intelectual de mente absolutamente independiente, en busca de la verdad con un grupo de amigos. Ahora Agustín era miembro de la iglesia. Al recibir el bautismo, había aceptado y confesado la fe de esa iglesia. Y esto a su vez quería decir que a partir de ese momento su pensamiento se basaría en esa fe. Ciertamente, con el correr de los años ese pensamiento variaría, se desarrollaría, y se purificaría; pero procuraría fundamentarse siempre sobre la fe del evangelio. Y, en segundo lugar, el que Agustín ahora regresaba a Tagaste como cristiano bautizado quería decir también que a partir de entonces tenía la obligación de conducir a otros a la fe, como su madre había hecho con él. Todavía venía con el ideal —que nunca abandonaría— de vivir en medio de una comunidad íntima dedicada al pensamiento y a la devoción. Pero ahora esa comunidad tendría otras dimensiones de servicio y enseñanza.

Este cambio puede verse en una carta que su amigo Nebridio le escribió sólo unos meses después del regreso de Agustín a Tagaste:

> ¿Es verdad, Agustín mío, que dedicas tu fortaleza y tolerancia a los negocios de los tagastinos y que ya no te dejan disfrutar del codiciado retiro? Dime, ¿quiénes son los que abusan de tu bondad? Sin duda los que ignoran tus preferencias y deseos. Pero, ¿no tienes por ahí algún amigo que les declare tus amores?...Quisiera traerte a mi finca, para que reposaras aquí. No me importaría que me llamasen seductor esos tus conciudadanos, a quienes amas con exceso y quienes te pagan en la misma moneda. (*Epístola 5*)

Nebridio no comprendía cómo Agustín podía ocuparse de "los negocios de los tagastinos", cuando en realidad deseaba dedicarse a la meditación y el diálogo filosófico. Poco después de la carta citada, le escribió a Agustín varias cartas bastante extensas en las que le planteaba profundas cuestiones filosóficas. Agustín le respondió, pues tales discusiones siempre le fascinaron. Pero no lo hizo con la frecuencia ni el detenimiento que Nebridio hubiera querido. En una de sus cartas, al año siguiente de llegar a

Tagaste, Agustín le explica que "no he podido hallar oportunidad alguna ni reposo para discutir y apurar los problemas que juntos solíamos estudiar" (*Epístola 13.1*). Y al año siguiente le decía: "no gozo de tanta holgura como tú imaginas, cuanta he siempre codiciado y sigo codiciando" (*Epístola 14.1*).

Escritos de aquellos días

Ese cambio en los intereses y actividades de Agustín había comenzado a manifestarse desde su bautismo y la muerte de Mónica, aun antes de regresar a África. Mientras esperaba a poder emprender ese viaje, Agustín continuó escribiendo. Significativamente, entre sus escritos de aquellos meses hay uno *De la cantidad del alma*, cuyas preocupaciones y metodología siguen el patrón de los escritos anteriores, dedicados a la búsqueda filosófica de la verdad. Pero hay también otros dos cuyo interés está en refutar los errores de los maniqueos —*Del libre albedrío*, comenzado entonces, pero no terminado sino dos años después, y *De las costumbres de la iglesia católica y de los maniqueos*. En otras palabras, el Agustín filósofo, buscador de la verdad, es ahora también el Agustín teólogo, defensor de la verdad frente al error. Y lo mismo puede verse en las obras escritas en Tagaste, que incluyen, entre otras, *Del maestro* y *Del Génesis* contra los maniqueos.

Puesto que más adelante le dedicaremos un capítulo a la polémica de Agustín contra los maniqueos, y cómo afectó su propia teología, podemos posponer para ese capítulo la discusión de sus escritos en torno a esa polémica. Pero sí conviene detenernos a considerar el tratado *Del maestro*, cuyo influjo se hizo sentir a través de toda la Edad Media. Como varias otras de las obras de Agustín en esos días, ésta también consiste en un diálogo. En este caso, el interlocutor es Adeodato, quien tendría entonces unos dieciséis años. Si lo que Agustín después dijo era cierto, que las palabras que el diálogo pone en boca de Adeodato eran verdaderamente del joven, y no de Agustín mismo, el ingenio de este adolescente era comparable al de su padre. Buena parte del diálogo se dedica a una discusión acerca del valor de las palabras, para llegar a la conclusión de que las palabras mismas no nos enseñan cosa alguna, pues son signos que apuntan hacia otras realidades, y si no conocemos estas últimas, las palabras mismas no significan nada:

> Porque no aprendemos las palabras que conocemos, y no podemos confesar haber aprendido las que no conocemos, a no ser percibiendo su significado, que nos viene no por el hecho de oír las voces pronunciadas, sino por el conocimiento de las cosas que significan. (*Del maestro*, 11.36)

Luego...

> ...comprendemos la multitud de cosas que penetran en nuestra inteligencia, no consultando la voz exterior que nos habla, sino consultando interiormente la verdad que reina en el espíritu ... Y esa verdad que es consultada y enseña, es Cristo ... Toda alma racional consulta a esta Sabiduría... (*Del maestro*, 11.38)

Este es el fundamento de la visión agustiniana del conocimiento como iluminación. Siguiendo a Platón y los neoplatónicos, Agustín está convencido de que el verdadero conocimiento no es el de las cosas visibles y pasajeras, sino el de las eternas e inmutables. Lo que llamamos "conocimiento" es en realidad dos cosas: primero, el conocimiento de las cosas mutables, que se obtiene por los sentidos y la observación, y que propiamente se llama "ciencia" —*scientia*. Y, segundo, el conocimiento de las cosas inmutables, que va más allá de la ciencia, y es "sabiduría" —*sapientia*. Es este conocimiento, esta sabiduría, lo que de veras le interesa a Agustín. Tal conocimiento no nos viene por descubrimiento, por la observación de las cosas y cómo funcionan, que no puede llevarnos más allá de las cosas mismas. ¿De dónde nos viene entonces? Por algún tiempo, Agustín coqueteó con la doctrina platónica de la preexistencia de las almas, lo cual llevaría a explicar el conocimiento presente como reminiscencias del conocimiento pasado. Pero, abandonada definitivamente la posibilidad de tal preexistencia, Agustín llega a la conclusión de que el verdadero conocimiento nos viene por una iluminación de Cristo, el Verbo eterno de Dios. "El alma es como el ojo, y Dios como la luz" (*De los pecados y su remisión*, 1.25). De igual manera que el ojo no ve sin luz, el alma no ve sin una iluminación de lo alto.

En todo esto, Agustín estaba tomando la larga tradición cristiana que veía al Verbo o Logos de Dios como la fuente de todo conocimiento (Justino, Clemente, Orígenes), y ampliándola para hacer de ella toda una teoría del conocimiento. Tal teoría se impondría en los siglos venideros, y dominaría el pensamiento de Europa occidental al menos hasta el siglo XIII —sobre lo cual volveremos más adelante.

Pero a esa teoría del conocimiento Agustín le añade una dimensión moral o práctica. Para alcanzar tal iluminación, hay que purificar el alma. Entre los filósofos de la época, se afirmaba frecuentemente que la meta del conocimiento es la virtud: sólo cuando entendemos la verdad podemos ajustarnos a ella. Lo mismo afirmaban los maniqueos, quienes sostenían que sus doctrinas eran la única explicación racional de la naturaleza del mundo, y que por tanto eran la única base para la vida sabia y virtuosa. En contraste, Agustín ve la virtud como elemento necesario para alcanzar la verdad. En su libro *De la utilidad de creer*, escrito poco después de su ordenación como presbítero, y en el que trata de refutar varias de las posturas maniqueas, Agustín lo declara tajantemente: "Desear, pues, ver la verdad con ánimo de purificar el espíritu es invertir el orden y posponer lo que se debe anteponer: hay que purificar para ver" (16. 34). En otro escrito contra los mismos maniqueos (*De las costumbres de la iglesia católica*, 1.1) afirma que para alcanzar el conocimiento son necesarias tanto la diligencia como la piedad. La diligencia consiste en buscar a quienes de veras pueden enseñar. Pero aun encontrando los más excelentes maestros no se puede aprender lo que enseñan sin antes practicar la piedad y la virtud.

El verdadero conocimiento requiere entonces dos cosas, de igual modo que la vista requiere otras dos. Para ver adecuadamente, el ojo tiene que estar claro, ser saludable. Un ojo enfermo es incapaz de ver bien. Así también, para conocer la verdad —para alcanzar la sabiduría— el alma tiene que practicar la virtud, tiene que estar sana de las enfermedades que impiden ver la verdad. Pero el ojo no puede ver si no hay también una iluminación desde fuera. Sin tal iluminación, las cosas se nos presentan distorsionadas —como el niño que ve monstruos en la oscuridad de la noche. De igual modo, el alma virtuosa no puede ver por sí misma, sino que necesita una iluminación. Esa iluminación es la luz de Dios, cuya función en el conocimiento de las verdades eternas es semejante a la función de la luz solar en el conocimiento de las temporales:

Inteligible es Dios, y al mismo orden inteligible pertenecen las verdades y teoremas de las artes; con todo, difieren mucho entre sí. Porque visible es la tierra, lo mismo que la luz; pero aquélla no puede verse si no está iluminada por ésta. Luego tampoco los axiomas de las ciencias, que sin ninguna hesitación retenemos como verdades evidentes, se ha de creer que podemos entenderlos sin la radiación de un sol especial. Así, pues, como en el sol visible podemos notar tres cosas: que existe, que esplende, que ilumina, de modo análogo en el secretísimo sol divino a cuyo conocimiento aspiras tres cosas se han de considerar: que existe, que se clarea y resplandece en el conocimiento, que hace inteligibles las demás cosas. (*Soliloquios* 1.9.15)

Así, al tiempo que concuerda con Platón en cuanto a que los sentidos no pueden llevar al verdadero conocimiento, Agustín propone una teoría que evita la doctrina platónica de la preexistencia de las almas:

> Platón, noble filósofo, se esforzó en convencernos que las almas humanas habían vivido en el mundo antes de vestir estos cuerpos; de ahí que aquellas cosas que se aprenden sean, no nuevos conocimientos, sino simples reminiscencias. ...Es preferible creer que, disponiéndolo así el hacedor, la esencia del alma intelectiva descubre en las realidades inteligibles del orden natural dichos recuerdos, contemplándolos en una luz incorpórea especial, lo mismo que el ojo carnal al resplandor de esta luz natural ve los objetos que están a su alrededor, pues ha sido creado para esta luz y a ella se adapta por creación. (*De la Trinidad*, 15.24)

La vida monástica

Al mismo tiempo, Agustín organizaba la comunidad que había formado en Tagaste con sus amigos y con Adeodato. A diferencia de lo que antes sucedió en Casicíaco —y de lo que Nebridio entendía debía ser la comunidad ideal—, aquella nueva comunidad no se limitaría a la devoción y a las conversaciones espirituales, sino que serviría también al resto de los fieles, fortaleciéndoles en la fe y refutando los muchos errores que circulaban en la región. Además tendría sus reglas, cuyo propósito sería fomentar el amor y su expresión, así como la disciplina de la vida comunitaria, todo bajo la dirección del propio Agustín. Luego, bien puede decirse que Agustín fundó un monasterio que funcionaría bajo su dirección. Agustín siempre había admirado a aquellos grandes atletas de la fe, los monjes del desierto egipcio —y particularmente a San Antonio— por su disciplina y su disposición a abandonar las pompas del mundo. Sobre aquellos monjes escribe palabras entusiastas en las que idealiza la vida del desierto:

> Pero si estos prodigios de santidad exceden nuestras fuerzas, ¿quién, al menos, no admirará y alabará a estos hombres que desprecian y dejan los placeres del mundo y viven en común una vida castísima y santísima, y emplean juntos su tiempo en plegarias, lecturas y conferencias? Estos hombres sin ninguna hinchazón de soberbia, sin ninguna turbación ni palidez amarillenta, nacidas de la terquedad y de la envidia, sino siempre modestos, humildes, sufridos, ofrecen a Dios esta vida de perfecta concordia y de perpetua contemplación como un don suyo gratísimo. (*De las costumbres de la iglesia católica*, 1.31.67)

A diferencia de aquellos monjes del desierto, entre los cuales se prohibía hasta tener un libro, y que se apartaban del resto de la sociedad, la vida de la comunidad de Tagaste debía incluir tanto el estudio como la enseñanza y el servicio a la comunidad circundante. Para esto Agustín parece haber tomado como modelo las comunidades monásticas urbanas que había visto en Milán y en Roma:

> Yo mismo conocí en Milán una comunidad de santos regida por un sacerdote santísimo y sapientísimo; en Roma supe de muchas comunidades regidas siempre por quien más sobresalía entre ellos en gravedad, prudencia y ciencia de lo divino. (Ídem, 1.33.70)

Probablemente entre las comunidades en Roma a que Agustín se refiere se contaban dos comunidades femeninas fundadas por dos mujeres de recursos, Paula y Marcela, quienes en el 282 le pidieron a Jerónimo, acabado de llegar a Roma, que les instruyese en los estudios bíblicos y en sus idiomas. Con las comunidades fundadas por estas dos mujeres el monaquismo tomaba un nuevo giro que se centraba, no ya tanto en la mortificación de la carne, sino más bien en el estudio y en una austeridad firme pero razonable. Fue esa clase de comunidad la que Agustín fundó en Tagaste.

Adelantándonos bastante a nuestra narración, éste parece ser el mejor momento para decir algo más acerca de la contribución de Agustín a la vida monástica. Cuando se le obligó a aceptar el sacerdocio en Hipona, Agustín accedió siempre que se le permitiera continuar el estilo de vida comunitaria que había establecido en Tagaste. En una propiedad apartada para ese propósito por el obispo Valerio, Agustín comenzó entonces una nueva comunidad de estudio y devoción, aunque compuesta mayormente por otros miembros del clero. Cuando, algún tiempo más tarde, Agustín vino a ser obispo de Hipona, insistió en que todos sus clérigos fueran parte de esa comunidad.

Se habla frecuentemente de la "Regla de San Agustín", como si Agustín hubiera escrito una regla para la vida monástica. Lo cierto es que en el occidente latino no hubo tal regla sino hasta que San Benito escribió la suya, aparentemente en el año 529. Lo que se llama entonces la "Regla de San Agustín" es en realidad una compilación posterior de elementos que sí se encuentran en los escritos de Agustín, pero que él mismo nunca combinó en una regla. Los principales documentos que nos permiten ver cómo Agustín concebía y organizaba la vida monástica son su epístola 211 y sus sermones 355 y 356 —además de un tratado *Del trabajo de los monjes*. La primera es una carta dirigida a las monjas bajo la dirección de aquella hermana de Agustín, de nombre desconocido, a quien se ha dado en llamar "Perpetua". Aparentemente entre aquellas monjas habían surgido disensiones, y Agustín les escribe reprendiéndoles y llamándoles a una mayor unidad. Es una calamidad el hecho de que "ahora que nos gozamos en la unidad por los donatistas, lamentamos cismas internos en el monasterio". A esta carta se le añaden una serie de principios que son el meollo de lo que se ha dado en llamar la "Regla" de Agustín. Los dos sermones arriba mencionados responden a críticas que se le habían hecho a la comunidad monástica del propio Agustín en Hipona, y por tanto nos dan un atisbo de la vida en esa comunidad. Veamos primero los puntos esenciales de la "Regla":

Uno de los pilares de la comunidad monástica ha de ser la propiedad en común. Nadie ha de reclamar cosa alguna como suya, sino que todo ha de estar al servicio de todos. Esto es imprescindible para el buen orden de la comunidad, pues sin ello pronto habrá disputas y envidia acerca de lo que se posee. Pero Agustín —así como la casi totalidad de los grandes fundadores monásticos en el occidente latino— no espera ni desea que los monjes y monjas vivan en extrema pobreza, ni que practiquen excesivamente la "mortificación de la carne". Al contrario, se ha de procurar que todos tengan el alimento y vestido necesarios. Para ello, habrá una despensa y un guardarropa comunes, de los cuales se tomará lo que se necesite para cada cual. Tanto el alimento como el vestido serán sencillos, con ocasiones de ayuno o de abstinencia de carne y de vino. Pero si alguien está enfermo ha de recibir alimentación y cuidado especial. Habrá además una biblioteca común, cuyos recursos estarán a la disposición de todos. Habrá períodos establecidos para la oración comunitaria, de la cual nadie debe ausentarse, pero aun aparte de esas horas el oratorio no debe usarse para otros fines, de modo que quien desee acudir a él para la oración privada también pueda hacerlo. Además, todos han de trabajar, aunque Agustín no establece reglas para tal trabajo.

La cuestión de las propiedades no dejó de acarrearles problemas tanto a Agustín como a la comunidad monástica en Hipona. Esto se ve claramente en los dos sermones arriba mencionados. Por ellos sabemos de una serie de problemas y de críticas. Por ejemplo, el sacerdote Januario había retenido una propiedad a nombre de su hija y de su hijo, ambos monásticos. Agustín no lo supo sino cuando algunos críticos se lo dijeron. Y aun entonces la cuestión era complicada, pues había desavenencias entre los dos hijos de Januario. El diácono Severo había comprado una casa para su madre y su hermana, y lo había hecho mediante ofrendas de algunos creyentes combinadas con un préstamo personal. ¿De quién era la propiedad? El asunto se complicaba porque había conflictos entre Severo y su madre. Todos estos casos —y varios más de semejante índole— ocuparon a Agustín, quien trataba de darles solución de tal modo que personas tales como la madre de Severo no quedaran desheredadas, pero al mismo tiempo se conservara el principio de la comunidad de bienes.

A consecuencia de tales dificultades, Agustín decidió que aquellos de entre sus clérigos que desearan abandonar la vida en común del monasterio podían hacerlo, aunque sin el beneplácito de Agustín, quien veía en tal decisión, si no un pecado, al menos un fracaso. Pero, al mismo tiempo que Agustín no vería con buenos ojos a quienes decidieran tener propiedades personales y por tanto apartarse de la comunidad, no les privaría de sus funciones pastorales, sino que le dejaría a Dios el juicio sobre los tales.

Por estas y otras razones, la preferencia de Agustín era que la iglesia tuviera tan pocas propiedades como le fuera posible. Cuando el comerciante Bonifacio intentó dejarle su compañía naviera a la iglesia, para que esta tuviera recursos y cierta medida de seguridad futura, Agustín rechazó el legado, y explicó su decisión declarando:

> No es justo que nos guardemos un fondo de reserva, pues no es ocupación del obispo guardar oro y rechazar la mano que el mendigo extiende. Son muchos los que piden cada día, muchos los que gimen, muchos los que claman en su necesidad. ¿Hemos de dejarles en su miseria...mientras conservamos fondos para el caso de un naufragio? Fue por eso que no acepté el legado. (*Sermón* 355.5)

El otro pilar de la vida monástica debía ser la obediencia. En su carta a las monjas, Agustín las exhortaba a obedecer a la superiora: "Ella es la madre, que os recibió, no en su regazo, pero sí en su espíritu". Pero al tiempo que insiste en la obediencia, Agustín parece dar por sentado que lo que le da autoridad al prior o priora es su santidad, su sabiduría, su carisma, más bien que el hecho de que ocupa un cargo o se le ha designado para una función. Como veremos más adelante, tal era el modo en que la tradición norteafricana entendía la autoridad, en contraste con la romana, para la cual la autoridad residía no tanto en el carácter del individuo como en la función que le había sido dada. Más adelante, el monaquismo occidental, siguiendo la tradición romana, se ocuparía de determinar cómo se elegirían las personas en autoridad y en qué consistiría esa autoridad.

Por razones de claridad, en esta sección comenzamos tratando acerca de la comunidad que Agustín fundó en Tagaste, y luego hemos descrito algo de la comunidad que fundó después en Hipona, y de los principios que la regían. Pero con ello nos hemos adelantado a nuestra historia, en la que dejamos a Agustín en Tagaste.

Hipona

Volviendo entonces a nuestra historia, los años en Tagaste no se vieron exentos de dolores y dificultades, particularmente la muerte de Adeodato y de Nebridio. Pero Agustín permanecía firme en su convicción de que era a esa vida que Dios le llamaba, y tenía la esperanza de pasar el resto de sus días allí. Sus enseñanzas y escritos se difundían, y muchos le consultaban sobre diversas cuestiones en disputa. Puesto que temía que se le obligara a emprender tareas pastorales, evitaba visitar lugares donde hubiera obispados vacantes.

Pero entonces le llegó un llamado desde la ciudad de Hipona, al norte de la provincia y frente al Mediterráneo, donde un funcionario público le pedía consejos sobre cómo organizar en aquella ciudad una comunidad semejante a la de Tagaste. Hacia esa ciudad se dirigió Agustín, y estando allí acudió al culto público que celebraba el obispo Valerio. Este era un anciano sagaz quien, según nos cuenta Posidio en su *Vida de San Agustín*, "habló a los fieles de la provisión y ordenación de un presbítero idóneo para la ciudad". Como era de esperarse, los fieles ...

> ...que ya conocían el género de vivir y la doctrina de San Agustín, arrebatándole, porque se hallaba en medio de la multitud, sin prever lo que podía suceder...lo apresaron y, como ocurre en tales casos, lo presentaron a Valerio para que lo ordenase, según lo exigían con clamor unánime y grandes deseos todos, exceptuando él, que lloraba copiosamente. (*Vida de San Agustín*, 4)

Según Posidio, algunos interpretaron su llanto pensando que lloraba porque tenía la ambición de ser obispo, y ahora se le iba a ordenar presbítero, pero más tarde el propio Agustín le dijo a Posidio que su llanto se debía a que estaba "pensando en los muchos y graves peligros a que se exponía su vida, dedicada al régimen y gobierno de la iglesia".

El que Agustín se resistiera a ser ordenado, y fuera obligado a ello, no era un caso insólito. Su propio mentor Ambrosio, cuando el pueblo le aclamó como obispo, huyó y se escondió, y fue necesaria una orden imperial para que aceptara el cargo a que se le llamaba. Unos treinta años antes que Agustín, Gregorio de Nacianzo tuvo una experiencia semejante, y al fin se rindió, aceptó la ordenación, y explicó sus sentimientos en una famosa homilía en la que sus primeras palabras fueron: "He sido vencido, y confieso mi derrota".

En cuanto a Agustín, en una carta a Valerio escrita poco después de su ordenación le decía: "Se me forzó a ser el segundo de a bordo, cuando ni de empuñar el remo era capaz", y afirmaba creer que su ordenación era un castigo de Dios, quien "quiso corregirme de haber osado reprender los pecados de otros nautas antes de experimentar lo que pasa en el oficio, como si yo fuese mejor y más docto que ellos" (*Epístola* 21.1-2).

Aparentemente Valerio tomaba otras cosas en consideración. Los dos grandes retos a que se enfrentaba como obispo de Hipona eran el maniqueísmo y el donatismo. ¿Quién mejor para refutar el maniqueísmo que este famoso ex-maniqueo, ahora convertido a la fe cristiana? En cuanto al donatismo, su gran fuerza estaba entre la población púnica y bereber, particularmente rural, pero también en la misma ciudad de Hipona. Índice del poder del donatismo es el hecho de que el obispo donatista de la ciudad les ordenó a los panaderos que no sirvieran a los ortodoxos o católicos, y su orden tuvo suficiente peso como para causarles dificultades a los ortodoxos. Valerio era un griego que a duras penas podía predicar en latín. Como mestizo, Agustín tenía una excelente formación en retórica latina y, aunque no hablaba con facilidad el idioma nativo, al menos lo conocía, y en virtud de su madre era parte de aquella África púnica en la que el donatismo se abría paso. Además, Valerio estaba orgulloso del presbítero que había capturado. Pronto le puso a cargo de enseñarle la fe al pueblo, y —lo que era entonces insólito— de predicar en presencia suya. (Años antes, Orígenes se había visto obligado a abandonar su ciudad nativa de Alejandría por haberse atrevido a predicar ante la presencia de obispos.) Aunque otros obispos le criticaron, Valerio permaneció firme en esta postura, con el resultado de que dos años más tarde Agustín, todavía presbítero, predicó ante los obispos de toda la provincia, reunidos en Hipona bajo la presidencia de Aurelio, obispo de Cartago —quien más tarde sería su principal aliado en la lucha contra el donatismo. Pero Valerio no se contentó con eso, sino que comenzó a hacer gestiones ante Aurelio para que Agustín fuese hecho su obispo coadjutor —cosa que contradecía los cánones del Concilio de Nicea, que prohibían que hubiera más de un obispo en una ciudad. Como resultado de esas gestiones, en el 395 Agustín fue consagrado obispo coadjutor de Valerio, quien murió al año siguiente, dejándole como obispo en propiedad.

Por su parte, Agustín no se había mostrado dispuesto a abandonar la vida monástica que había comenzado en Tagaste, y al mudarse a Hipona fundó en esa ciudad la comunidad monástica bajo su propia dirección a que ya nos hemos referido, y que más tarde serviría de modelo para los "canónigos de San Agustín" —entre los cuales se contaría Martín Lutero.

Las tareas pastorales

Primero como presbítero, pero sobre todo después como obispo, las tareas de Agustín eran muchas y múltiples. Tenía que presidir sobre la preparación de los candidatos al bautismo —el catecumenado. Aunque parte de esa instrucción era responsabilidad de otros, al acercarse la fecha del bautismo (normalmente en el Día de Resurrección, o en Pentecostés), como obispo Agustín tenía que hacerse cargo de los últimos pasos en el catecumenado. Las últimas semanas de esa preparación se dedicaban a lo que se llamaba *traditio et reditio symboli* —la entrega y devolución del Credo. Se trataba del Credo Niceno, establecido en el 325 por el Concilio de Nicea, y generalmente aceptado como señal de ortodoxia. En esas últimas semanas antes de Resurrección, buena parte de lo que el obispo les enseñaba a los catecúmenos era ese credo y su significado, pues en su bautismo se les pediría que lo afirmaran, y para eso era necesario que entendieran su significado y alcance, y que fueran capaces de explicarlo al menos en los más sencillos términos. Además, era tarea del obispo asegurarse de que cada candidato al bautismo vivía y se comportaba de acuerdo a la fe que iba a abrazar formalmente en su bautismo.

Igualmente, le tocaba al obispo predicar y presidir sobre la comunión, que era el centro del culto cristiano. Mientras Agustín fue presbítero, lo normal era que sirviera como ayudante de Valerio en la iglesia central de la ciudad; o si no, como su representante en otras iglesias. Pero, como hemos visto, la fama de Agustín pronto fue tal que mientras todavía era presbítero Valerio le permitió predicar en su presencia, y pronto otros obispos hicieron lo mismo. Más adelante, como obispo, debía presidir sobre el culto en esa iglesia central, donde el púlpito era su responsabilidad. Muchos de sus sermones se conservan, y en ellos vemos al pastor que se ocupa de alimentar a su rebaño, de instruirle y de corregirle cuando le parece necesario. Al leerlos hoy en traducción, y desde una perspectiva muy diferente, se nos hace difícil apreciar su belleza literaria, y mucho menos el impacto que esos sermones hacían sobre quienes le escuchaban. En una de sus cartas, le cuenta a su amigo Alipio de su preocupación por qué tantos de sus feligreses hacían uso de los días dedicados a la memoria y honor de los mártires para ir a sus tumbas y allí celebrar festejos de glotonería, embriaguez y desenfreno. Tales prácticas eran una combinación de elementos cristianos con otros paganos, pues las festividades religiosas paganas frecuentemente se celebraban con banquetes y embriaguez, y por su parte los cristianos —al menos desde el siglo segundo— tenían la costumbre de ir a celebrar la comunión en las tumbas de los mártires como un modo de mostrar que eran parte de una misma iglesia. Ahora, muchos combinaban ambas cosas, celebrando las fiestas de los mártires como antes se celebraban las paganas. Como era de esperarse, Agustín no veía con buenos ojos las glotonerías y borracheras en las tumbas de los mártires, y predicó varios sermones contra tales prácticas. Al principio, hubo bastante oposición a lo que el predicador decía. Pero a la postre ganó a la mayor parte de su audiencia, que rompió en llanto, y Agustín le dice a Alipio: "No fueron mis lágrimas las que provocaron las suyas, pues confieso que, mientras estaba hablando, ellos se adelantaron a llorar, y no pude contenerme de hacer otro tanto" (*Epístola* 29.7). Luego, aquellos sermones que hoy pueden parecernos textos fríos y excesivamente largos tenían una profunda dimensión emotiva que sacudía los corazones de quienes los escuchaban.

Naturalmente, parte de la tarea pastoral consistía también en visitar a los enfermos, consolar a los afligidos, alentar a los desanimados, reprender a los soberbios y acompañar a su pueblo en momentos cruciales de la vida, tales como el matrimonio y la muerte. Aunque en su tiempo la práctica de la confesión privada no se había establecido, como pastor Agustín tendría que reprender, consolar y dirigir a quienes de algún modo pecaban o se apartaban de lo que la vida cristiana requería.

Del baptisterio al púlpito

A todo esto se sumaban las tareas administrativas, que incluían tanto la supervisión de otros ministros y funcionarios de la iglesia como el manejo de los recursos económicos y de las propiedades de la iglesia. En cuanto a lo primero, el obispo tenía que supervisar a los presbíteros que le representaban en otras iglesias de la ciudad y sus alrededores. En realidad, se pensaba que en cada ciudad solo podía haber una iglesia, presidida y dirigida por un obispo. Pero, puesto que no todos podían asistir a la iglesia central o catedral donde el obispo predicaba y celebraba la comunión, era necesario tener otros lugares de reunión. En esos lugares, el presbítero presidía sobre el culto y predicaba, pero lo hacía en nombre del obispo. Por tanto, una de las principales responsabilidades del obispo era asegurarse de que cada presbítero era su digno representante tanto en su conducta como en su enseñanza. En esta tarea, la comunidad semimonástica que Agustín había fundado en Hipona, y a la cual continuó perteneciendo toda su vida, vino a ocupar un lugar importante, pues era en esa comunidad que los presbíteros se formaban, y dentro de ella que se discutían sus enseñanzas y que sus prédicas se formulaban y se comentaban. (Recordemos que, si bien la comunidad anterior en Tagaste se dedicaba sobre todo al estudio y la devoción, ya allí se subrayaba también la necesidad de servir a los demás. Al transportar esas prácticas a Hipona, y relacionarla con sus propias tareas pastorales, Agustín hizo de aquella comunidad un centro donde se formaban quienes habrían de servir a la iglesia como presbíteros.)

Pero había otros funcionarios o ministros en la iglesia, y la supervisión de tales personas era también responsabilidad del obispo. En primer lugar, además del obispo y sus presbíteros, estaban los diáconos, que ayudaban al obispo en el culto, y al parecer les daban el cáliz a los fieles en la comunión. Su principal responsabilidad era ocuparse de las obras de beneficencia de la iglesia, y por tanto en cierta medida del manejo de todos los recursos económicos de la iglesia —tema sobre el que volveremos enseguida. El "hostiario" recibía ese nombre porque entre otras responsabilidades cuidaba de las hostias. Pero era en realidad un guardián o portero que se ocupaba de la limpieza del recinto y del orden en el culto y se aseguraba de que sólo participaran de la comunión quienes debían hacerlo. Los "lectores" eran en su mayoría jóvenes que aspiraban al presbiterado, y que se preparaban para él leyendo las Escrituras en voz alta en el culto —aunque muy probablemente esto no incluía la lectura del Evangelio, que se reservaba para los diáconos. Los "exorcistas" frecuentemente eran también aspirantes al presbiterado, aunque mayores que los lectores. Sus responsabilidades incluían orar sobre los catecúmenos que se preparaban para el bautismo, echando fuera los demonios de su vida pasada. También eran responsables del ministerio entre los "energúmenos", personas supuestamente poseídas por los demonios sobre las cuales oraban por su sanidad. Los "subdiáconos", además de ayudar en la celebración del culto —en cuyo caso se les llamaba también "acólitos"— servían de ayudantes y de secretarios y amanuenses del obispo, quien frecuentemente tenía que enviar varias copias de una carta o de un documento a distintas personas. A todas estas personas el obispo tenía que supervisar y que enseñar, pues su principal responsabilidad era asegurarse de que todos cumplieran sus funciones —particularmente la predicación, la enseñanza y la administración de bienes y recursos— sobre la base de un entendimiento cabal del evangelio. Ambrosio, el mentor de Agustín, había escrito un tratado *Sobre las tareas del clero*, en el que comenzaba afirmando que su principal tarea era la enseñanza, pero que para enseñar tenía que aprender: "Al esforzarme en enseñar, debo aprender. Porque solamente el verdadero Maestro no tuvo que aprender lo que nos enseñó a todos. Pero los humanos tenemos que aprender antes de enseñar, y recibir de él lo que hemos de entregar a otros" (1.1.3).

Todo esto quiere decir que, aunque Agustín se había querido dedicar al estudio desde los días en Casicíaco, ahora como pastor y obispo ese estudio tenía otra dimensión. No se trataba ya solamente de estudiar por amor a la verdad, o como acto de devoción, sino también de estudiar como preparación para enseñar a otros.

Pero las responsabilidades del obispo no se limitaban a todo esto. Para esa fecha, la iglesia había comenzado a tener propiedades donadas o legadas como herencia por algunos de los fieles. Tales propiedades requerían administración, tarea que no era del agrado de Agustín, y que delegó en algunos de sus ayudantes más dignos de confianza. Según dice su biógrafo, solamente una vez al año pedía cuenta de lo que se había hecho con las propiedades e ingresos de la iglesia. Esos ingresos se empleaban tanto para el sostén de Agustín y de sus ayudantes como para socorrer a los pobres. Aunque otros obispos lo hacían, Agustín se negaba a emplear los ingresos de las propiedades de la iglesia para comprar otras propiedades, insistiendo en que todo lo que estuviera disponible debía emplearse para socorrer a los necesitados. Por otra parte, consciente de las críticas y rumores que tales posesiones provocaban, en más de una ocasión les propuso a los feligreses que el clero se deshiciera de sus ingresos, y que el pueblo se comprometiera a sostenerle. Pero los feligreses se negaron repetidamente.

En estas labores administrativas, Agustín instaba tanto a sus clérigos como a toda la feligresía a hacer buen uso de las posesiones, al tiempo que declaraba que las posesiones mal usadas no son verdaderas posesiones, pues son injustas:

> Solo se posee conforme a derecho lo que se posee justamente, y solo es justo lo que es bueno. Por lo tanto, todo lo que mal se posee es ajeno, y mal posee quien lo usa mal. ...En cambio, el dinero, los malos lo poseen mal, y los buenos tanto mejor lo poseen cuanto menos lo aman. Entre tanto, se tolera la iniquidad de los malos poseedores y se establecen entre ellos ciertos derechos que se llaman civiles, no porque con ello se logre que usen bien, sino para que, aun usando mal, causen menos molestia. (*Epístola* 153. 26)

Según Agustín, ese buen uso de los bienes, que es el fundamento de su posesión justa, se fundamenta en la distinción entre disfrutar y usar:

> Unas cosas sirven para disfrutar de ellas, otras para usarlas y algunas para gozarlas y usarlas. Aquellas con las que nos gozamos nos hacen felices; las que usamos nos ayudan a tender hacia la bienaventuranza [es decir, la felicidad] y nos sirven como apoyo para conseguir y unirnos a las que nos hacen felices. ...Pero si queremos gozar de las que debemos usar trastornamos nuestro tenor de vida...de tal modo que, atados por el amor a las cosas inferiores, nos retrasamos o nos alejamos de la posesión de aquellas que debíamos gozar una vez obtenidas. (*Sobre la doctrina cristiana* 1.3.)

Puesto que lo único que produce verdadero gozo es Dios, el uso de todas las cosas ha de dirigirse hacia ese fin: el disfrute de Dios. Cuando tal no ocurre, el uso se torna abuso, y por tanto la posesión se vuelve injusta y en última instancia ilícita —aun cuando la ley civil la justifique.

Tal era el fundamento sobre el que Agustín buscaba construir sus políticas administrativas. Si está mal que los individuos hagan mal uso de sus bienes, dirigiéndolos hacia el disfrute de otros bienes más bien que hacia el disfrute de Dios, mucho peor es el que la iglesia haga lo mismo. El modo en que las cosas han de usarse es, tras llenar las necesidades absolutas, emplearlas para el bien de los necesitados. Quien insiste en disfrutar de lo que ha de ser usado, como si su propósito fuera el disfrute de otras cosas, cae en idolatría pues busca en las cosas un disfrute que solo se alcanza en Dios.

Era por esa razón que Agustín insistía en que los líderes de la iglesia no deberían usar de más de lo necesario, y que todo lo que entonces sobrara debía emplearse para socorrer a los necesitados, lo cual lleva al disfrute de Dios. Y fue por la misma razón que repetidamente propuso que la iglesia se deshiciera de sus propiedades, dándoselas a los pobres, y que los pastores no vivieran del ingreso de tales propiedades, sino de las ofrendas de los fieles —y esto, solo al punto de satisfacer las necesidades inmediatas de comida, vestido y techo, pues el sobrante debía emplearse también en obras de caridad.

En cuanto a las herencias dejadas a la iglesia, Agustín las rechazaba si le parecían injustas —como en el caso de un padre que le dejaba sus propiedades a la iglesia como un acto de venganza contra sus hijos, quienes así quedaban desheredados— y las aceptaba solamente como un modo de tener más recursos para ayudar a los necesitados. En todo caso insistía en que la mayor parte de los ingresos de la iglesia deberían emplearse en el socorro de los pobres y las viudas, y que la vida de los clérigos debía ser de moderación tal que no se les pudiera acusar de vivir a expensas del pueblo. Esto debía verse en la vestimenta, que no debía ser ostentosa ni por su lujo ni por su aparente miseria. (En el culto, quienes presidían llevaban la misma vestimenta del laicado, aunque algunos obispos tenían una muda de ropa que dedicaban específicamente a sus funciones litúrgicas.) Lo mismo sucedía en la mesa, donde se servían legumbres, vino, y a veces carne, pero sin lujos, y donde se exigía una conducta sobria. Así, se cuenta que cuando alguno de los comensales no mostraba el recato esperado se le multaba privándole de parte de su porción de vino. (Y se cuenta también que tenía en la mesa un rótulo que decía: "Quien guste roer con sus palabras la vida de los demás no es digno de sentarse a esta mesa.")

A todas estas tareas se sumaban otras. Una tarea que cada día iba ocupándole más tiempo era prestarles apoyo y dirección a sus colegas en otras partes del Imperio. A veces viajaba a otra ciudad para formar parte de algún concilio, aunque normalmente escribía largas cartas en las que respondía a dudas y preguntas de sus colegas, o amonestaba a alguno cuya vida o doctrina no le parecían correctas. Fue esa tarea de responder a diversas preguntas y peticiones lo que le llevó a una amplísima correspondencia de la que sólo parte se conserva —pero que todavía ocupa varios volúmenes— así como a escribir varios tratados a petición de algún colega que le pedía argumentos contra algún error —particularmente los errores de los maniqueos, los donatistas y los pelagianos, sobre los que trataremos en sendos capítulos.

Otra tarea tenía que ver con cuestiones que, aunque de la incumbencia de las autoridades civiles, frecuentemente venían a ser responsabilidad del obispo. Posidio dice sobre esto que Agustín "se comunicaba por cartas con algunos que le consultaban sobre asuntos temporales. Pero soportaba como una pesada carga esta distracción" (*Vida de San Agustín*, 19).

Estas ocupaciones temporales no se limitaban a consultas por parte de corresponsales distantes. La administración de la justicia por parte de las autoridades civiles había llegado a tal punto de corrupción, que muchas personas no confiaban en ella, y acudían a pastores respetados para pedirles que dirimieran diferencias y disputas. Desde mucho antes, cuando estaba todavía en Milán, Agustín había tenido la experiencia de haber querido hablar con el obispo Ambrosio sobre sus propias inquietudes, pero no poder hacerlo por "la multitud de negocios y personas a cuyas flaquezas él servía" (*Confesiones*, 6.3.3). Pronto Agustín se vio envuelto en circunstancias semejantes, pues tenía que ofrecerles audiencia a muchos que venían a verle, no por cuestiones religiosas, sino para pedirle juicio sobre alguna cuestión. También sobre esto Posidio —quien fue parte de la comunidad monástica de Hipona hasta que fue electo obispo de Calama en el 397— da testimonio, diciendo que "a veces hasta la hora de comer duraba la audiencia; otras se pasaba el día en ayunas, oyendo y resolviendo cuestiones" (Ibíd.). De los muchos pleitos que conoció y tuvo que dirimir —por ejemplo, entre familiares que se disputaban una herencia— hay abundantes ecos en sus sermones. Y bien podemos imaginar que buena parte de quienes venían a someterse al juicio del obispo eran personas de raza y tradiciones africanas que desconfiaban de las autoridades romanas, y veían en Agustín a uno de los suyos.

En breve, la vida de un obispo concienzudo como lo era Agustín no era fácil ni holgada. Y esto es en parte lo que hace más sorprendente y admirable su amplia labor teológica y literaria, de que hemos de ocuparnos en los próximos capítulos.

Capítulo 4
El pastor y los maniqueos

Agustín fue maniqueo por espacio de nueve años. Cuando por fin aceptó la fe de Mónica, y recibió el bautismo de manos de Ambrosio, se sintió obligado a refutar las doctrinas que antes había seguido y defendido. Luego, buena parte de sus escritos —sobre todo de los más tempranos— tienen el propósito de refutar el maniqueísmo. Y, como frecuentemente sucede, esa tarea de refutación dejó también su huella sobre la teología del propio Agustín, quien desarrolló algunas de sus ideas en contraposición al maniqueísmo. Por tanto, para entender el pensamiento de San Agustín es necesario entender algo del maniqueísmo, de su atractivo, y de cómo Agustín lo refutó.

El maniqueísmo

Este era una religión de origen persa cuyo nombre de deriva del de su fundador, Manés. Manés llegó a la convicción de que las principales religiones que conocía en Persia —el zoroastrismo, el budismo y el cristianismo— representaban una revelación divina cuyo punto culminante era Manés mismo. Intrigado por el budismo, fue a residir en la India por algún tiempo, y al regresar a Persia trató de convencer a las autoridades para que siguieran la religión que él ahora proponía como culminación de las tres grandes religiones. Pero en esto no tuvo buen éxito y, perseguido en Persia por las autoridades zoroastrianas, se refugió de nuevo en la India, de donde por fin regresó a Persia, insistiendo todavía en la superioridad de la revelación que él mismo representaba. Condenado como subversivo por las autoridades persas, quienes defendían la religión de Zoroastro, Manés fue decapitado y desollado. Su piel, rellena de paja, fue expuesta públicamente como escarmiento y advertencia para quienes pensaran seguirle.

Manés murió en el 273, unos cien años antes de que Agustín abrazara sus enseñanzas. En el entretanto sus discípulos, perseguidos en Persia, se esparcieron por la región circundante y bastante más allá —a tal punto que recientemente se han encontrado antiguos documentos maniqueos en China. Como parte de esa expansión, el maniqueísmo penetró también en territorios del Imperio Romano. En estos territorios, sus principales éxitos tuvieron lugar en Alejandría, donde había una larga tradición de sincretismos al estilo del de Manés. Esa tradición había siempre sostenido —siguiendo en ello a Platón— que la verdadera sabiduría estaba al alcance de un número limitado de personas eminentemente racionales, y por ello el maniqueísmo, que decía ser un sistema racional tan profundo que solamente los mentes superiores lo podían entender, encontró campo fértil en Alejandría. De allí el maniqueísmo pasó a Italia y a lo que entonces eran las provincias de África y Numidia —hoy Tunisia y parte de Argelia— donde en tiempos de Agustín era uno de los principales rivales del cristianismo ortodoxo.

Usando referencias de origen cristiano, Manés había dicho ser el Paracleto u "otro consolador" que Jesús había prometido, y por tanto sus discípulos veían en sus enseñanzas la suprema revelación de Dios. Pero al tiempo que decía ser revelación divina, el maniqueísmo era también una especie de racionalismo que pretendía tener explicaciones para todos los misterios del universo. En esto consistía su principal atractivo entre las personas educadas del mundo grecorromano, muchas de ellas decepcionadas con el paganismo tradicional por no ser suficientemente racional. Fue por eso que Agustín se interesó en él. Y fue también el fracaso de tales pretensiones lo que a la postre le llevó a abandonarlo.

Aunque en sus orígenes y en su forma más tradicional el maniqueísmo era un sistema altamente intelectual cuyo atractivo estaba precisamente en que pretendía que todo se podía explicar por medios racionales, sin necesidad de creer lo que otros dijeran, en realidad pronto hubo otro tipo de maniqueo para quien el sistema todo debía aceptarse, ahora no ya por la fuerza de su razonamiento, sino por la autoridad del gran profeta Manés. Agustín y sus compañeros de estudio en Cartago, así como más tarde sus amigos maniqueos en Milán, eran maniqueos del orden más tradicional, para quienes el atractivo del maniqueísmo estaba en la respuesta racional que podía darles a algunas de las preguntas más difíciles, tanto sobre la existencia humana como sobre el orden del universo. En la provincia romana de África, en lugares tales como Tagaste e Hipona, Agustín pronto tuvo que enfrentarse a un maniqueísmo más extremo, para el cual las enseñanzas de Manés eran infalibles, y a maniqueos que escasamente habían pensado lo que decían creer, pero que estaban convencidos de que la suya era la verdadera y única interpretación del cristianismo así como de la realidad toda. Luego, aunque los verdaderos seguidores del maniqueísmo fueron siempre pocos, y mal vistos por las autoridades, algunas de sus doctrinas atraían a muchos de entre la población cristiana, a quienes se les decía que el maniqueísmo ofrecía la interpretación correcta de la persona y enseñanzas de Jesús, y que la iglesia y el común de los cristianos no conocían las dimensiones más profundas de esas enseñanzas.

La gran pregunta a que los maniqueos pretendían responder por sobre toda otra era la de la naturaleza y origen del mal. Como hemos visto, el joven Agustín no podía entender ni aceptar el que un solo Dios bueno hubiera hecho este mundo en el que hay tanto mal. La lucha dentro de su propia persona le hacía ver que el mal vivía dentro de él mismo. Manés y sus seguidores respondían a esa dificultad declarando que no hay un solo Dios creador de todas las cosas, sino que hay dos principios igualmente eternos e indestructibles, el de la luz y el de las tinieblas. El mundo presente es un espacio en el que esos dos principios se mezclan y frecuentemente se confunden. En él, lo material constituye las tinieblas, mientras que lo espiritual es como chispas de luz atrapadas en la oscuridad de lo material. El problema humano —y cósmico— es entonces la presencia de las tinieblas en el mundo espiritual, o el aprisionamiento de la luz en el mundo material. De esto el caso más claro es el del ser humano, en el que un alma espiritual que es luz se encuentra atrapada en un cuerpo que es tinieblas y en el que impera el principio del mal. Puesto que según el concepto clásico de la palabra el "alma" es lo que mueve a todo ser viviente, hay en el ser humano —como en todo otro ser viviente— un "alma" que le da vida al cuerpo. En otras palabras, hay dos "almas": una espiritual y otra material; una de luz y otra de tinieblas. Y el alma de luz se encuentra prisionera en un cuerpo movido por el alma de tinieblas.

Pero la misma mezcla de luz y tinieblas existe en todo el cosmos, de modo que los maniqueos pretendían explicar hasta los movimientos de los astros y lo que en ellos ocurría sobre la base de ese principio de la mezcla de la luz y las tinieblas. Así, por ejemplo explicaban las fases de la Luna diciendo que lo que la iluminaba era la luz de las almas que iban camino de regreso al reino de la luz pura. Esto era uno de los elementos que le prestaban a esta religión un aura de racionalidad científica. Y era también uno de los elementos que la hacía más vulnerable a la crítica intelectual, pues los mejores astrónomos de la época tenían explicaciones más exactas tanto para las fases de la Luna como para otros movimientos celestes.

Pero hay más: puesto que el principio de las tinieblas es eterno a la par del principio de la luz, la victoria final del bien no ha de consistir en la destrucción de las tinieblas —que son una realidad tan eterna e indestructible como la luz— sino sencillamente en su expulsión del reino de la luz. En otras palabras, que la esperanza de los maniqueos estaba en la total separación entre la realidad espiritual de la luz y la realidad material de las tinieblas.

En cuanto al ser humano, la salvación consiste entonces en librar la chispa de luz que hay en él de la prisión de la materia. Esto se logra mediante una ética estricta basada en el principio de los "tres sellos", a saber, el de la boca, el de la mano y el del corazón. El sello de la boca consiste por una parte en una serie de principios dietéticos que prohíben comer todo lo que no sea de origen puramente vegetal, así como beber vino. Y, por otra parte, el sello de la boca requiere que no salga de ella nada impuro tal como las blasfemias, las mentiras o las maldiciones —lo cual nos recuerda el dicho de Jesús, que no es lo que entra por la boca lo que contamina al ser humano, sino lo que sale de ella. El sello de la mano prohíbe hacer violencia contra otras personas, así como robar y hacer trabajos serviles —lo cual muestra algo de las tendencias aristocráticas del maniqueísmo. Y prohíbe también tener más de lo necesario, que se limita al alimento —una vez más, alimento puramente vegetal— y a una muda de ropa al año. Por último, el sello del corazón —o del pecho— prohíbe contribuir al encarcelamiento de la luz dentro de las tinieblas. En lo personal, esto quiere decir que el creyente ha de hacer todo lo posible por librar su propia alma de la prisión del cuerpo, y esto a tal extremo que el acto supremo de devoción maniquea era la "endura", rito en el que los "perfectos" alcanzaban la vida eterna ayunando hasta el punto de morir de inanición. Pero también quiere decir que la procreación es pecado. En consecuencia los maniqueos, al tiempo que le daban preferencia al celibato y a la virginidad, insistían en que el acto sexual, si se realiza, ha de hacerse de tal modo que no se tenga prole. (Resulta interesante notar que Adeodato, el único hijo de Agustín, nació antes de que su padre abrazara el maniqueísmo, lo cual parece dar a entender que tras su conversión al maniqueísmo Agustín puso en práctica alguno de los métodos que entonces se empleaban contra la concepción.)

Todo esto no quiere decir que alguna alma espiritual pueda perderse eternamente. La naturaleza del alma es luz, y las tinieblas no pueden prevalecer contra ella. Lo que sí sucede es que algunas almas —por ahora, las más de ellas— se dejan ofuscar por el cuerpo y por la materia, y se olvidan de su verdadera naturaleza. Tales almas están condenadas a volver al ciclo de la vida de sujeción a la materia, hasta que alcancen su liberación del reino de las tinieblas.

Esto implica que en fin de cuentas quien hace mal no lo hace por decisión propia, sino porque su alma espiritual está ofuscada por las tinieblas de lo material. Es su realidad material, y su desconocimiento de su propia naturaleza, lo que impele a la persona a hacer el mal. A tal persona no le queda otro remedio que esperar a que llegue el momento en que entienda su propia realidad espiritual a tal punto que pueda obedecer al principio de luz que hay en ella. Es entonces a través del conocimiento de la verdad que se llega a esa liberación que es la salvación. Tras abandonar el maniqueísmo, Agustín señalaría el contraste entre esto y la doctrina cristiana al decir que "desear...ver la verdad con ánimo de purificar el espíritu es invertir el orden y posponer lo que se debe anteponer: hay que purificar para ver" (*De la utilidad de creer*, 16.34).

En cuanto a su organización, el maniqueísmo tenía una jerarquía tanto entre sus líderes como entre el resto de sus creyentes. A la cabeza de esa jerarquía se encontraban los doce "hijos de la dulzura", bajo los cuales había una jerarquía tripartita parecida a la de la iglesia cristiana —es decir, como el sistema de obispos, presbíteros y diáconos. En cuanto a los creyentes, había los "electos" y los "oyentes". Al morir, el alma de los electos regresaba al reino de la luz, mientras que la de los oyentes se reencarnaba en otra persona, hasta que alcanzara el nivel de electo.

Además, como parte de esta doctrina, Manés incluía a Cristo como la última gran revelación de Dios antes de él mismo. Según Manés, Cristo era un ser puramente celestial, luz pura en la que el cuerpo material no era sino una apariencia que le permitía comunicarse con quienes todavía eran prisioneros de su propia materia. Luego, la cristología de Manés seguía los mismos lineamientos docetistas de los gnósticos.

El atractivo del maniqueísmo estaba, primero, en su pretensión de poder explicar racionalmente todos los misterios del universo, y de hacerlo sobre la base de una revelación que al mismo tiempo proveía la clave para esa interpretación. Y, en segundo lugar, el maniqueísmo atraía a los intelectuales —particularmente a los de las capas superiores de la sociedad— porque les daba a entender que sus propios conocimientos y su propia religiosidad eran índice de su superioridad sobre los demás. El ser maniqueo explicaba que el alma del individuo había llegado a un nivel superior al de las almas que no estaban listas para alcanzar las mismas alturas intelectuales.

Como hemos visto, lo que llevó a Agustín al maniqueísmo fue su convencimiento de que la fe de Mónica era irracional y hasta supersticiosa, mientras que el maniqueísmo explicaba las cosas de un modo más racional. Y lo que le llevó a abandonarlo fue su decepción al ver que los supuestamente grandes sabios maniqueos no eran sino charlatanes que hablaban bien y decían poco. Sobre las pretensiones intelectuales de los maniqueos, Agustín diría más tarde que "...ellos acusan a la iglesia católica porque exige que los que vienen a ella crean, en tanto que ellos alardean de no imponer a nadie el yugo de la fe, sino que les descubren el hontanar de la ciencia" (*De la utilidad de creer*, 9.21). Pero frente a esto Agustín da testimonio de la vacuidad del famoso maestro maniqueo Fausto, quien supuestamente le aclararía todas sus dudas, y de cómo esa vacuidad comenzó a apartarle del maniqueísmo: "Oí al hombre que, como si lo hubiera de enviar el cielo, lo esperábamos para que nos aclarara aquellas cuestiones que nos tenían llenos de confusión, y vi que era como los demás, si se exceptúa cierto grado de elocuencia que había en él" (Ibíd., 8.20).

Las obras de Agustín contra los maniqueos

Agustín escribió repetidamente contra los maniqueos. Casi inmediatamente después de abrazar el cristianismo, escribió dos obras con ese propósito: *De las costumbres de la iglesia católica y de los maniqueos* y *Del Génesis*, contra los maniqueos. El primero intenta responder a los reclamos de los maniqueos acerca de su austeridad y santidad. Al tiempo que Agustín argumenta que la austeridad de los maniqueos no es todo lo que aparenta, también se ve obligado a decir que el hecho de que haya malos cristianos no quiere decir que el cristianismo sea falso —lo cual le resta mucho peso al argumento. Poco después de que Valerio le atrapara para que sirviera como presbítero, Agustín tuvo en Hipona un debate con el maestro maniqueo Fortunato que se conserva en forma escrita. Sobre este debate, el biógrafo Posidio cuenta que los cristianos, tanto ortodoxos o católicos como donatistas, le pidieron a Agustín que refutara a Fortunato, quien accedió a un debate. Dice Posidio:

> Señalados, pues el día y lugar, se tuvo la reunión con muchísimo concurso de estudiosos y curiosos, y dispuestas las mesas de los notarios, se comenzó la discusión, que se acabó al segundo día. En ella, el maestro maniqueo, según consta por las actas de la conferencia, ni pudo rebatir las aserciones de la doctrina cristiana ni apoyar sobre bases firmes la de Manés. Sin saber qué responder al fin, se escurrió diciendo que consultaría a los jefes de la secta lo que no pudo refutar. (*Vida de San Agustín*, 6).

También en esos primeros años de su ministerio escribió el tratado *De las dos almas*, contra los maniqueos, cuyo tema es precisamente la afirmación maniquea de que hay en el ser humano un alma espiritual, de luz, y otra material, de tinieblas. Para refutar los ataques de los maniqueos que pretendían sostener sus doctrinas mediante la sola razón, sin necesidad de autoridades que las sostuvieran, escribió el bello opúsculo *De la utilidad de creer*. Puesto que uno de los temas favoritos de los maniqueos era que el Dios del Antiguo Testamento no es el de Jesús, sino un ser inferior, y que por tanto el Nuevo Testamento contradice al Antiguo, Agustín escribió varias obras para probar lo contrario. Una de las primeras fue *Contra Adiamanto*, escrita por el año 395. Adiamanto había sido uno de los principales seguidores y exponentes de las enseñanzas de Manés. En los documentos secretos de los maniqueos se ofrecían numerosos contrastes y contradicciones entre el Antiguo y el Nuevo Testamento. Agustín escribió una refutación detallada de muchas de esas supuestas contradicciones, aunque más tarde diría que su número era tal que no pudo discutirlas todas en esta obra, aunque sí lo había hecho desde el púlpito. Con el mismo propósito escribió *Del Génesis a la letra*, larga obra que le ocupó desde el 401 hasta el 415.

Puesto que los maniqueos sostenían que la luz no puede hacer el mal, y las tinieblas son incapaces del bien, en el 388 Agustín empezó la obra *Del libre albedrío*, que no terminó sino en el 395. En el 393 emprendió la refutación de un escrito de Manés, *Contra una epístola de los maniqueos*, obra que completó tres años después, y en la que otra vez enfocaba la cuestión del origen del mal, así como del universo.

Aunque con el correr del tiempo se vio obligado a prestarles más atención a los donatistas y a los pelagianos —movimientos que discutiremos en los dos próximos capítulos— Agustín continuó escribiendo contra los maniqueos obras tales como *De la naturaleza del bien* contra los maniqueos (año 405). También continuaron sus debates con líderes maniqueos. Entre muchos otros, Posidio nos cuenta de uno que tuvo lugar en el año 404 con un éxito inusitado:

> Públicamente disputó también con cierto Félix, del número de los elegidos [es decir, de los "electos" entre los maniqueos], en la iglesia de Hipona, con concurso de pueblo, levantándose acta notarial de lo ocurrido; y después de la segunda o tercera discusión, en que quedó rebatido el error y la vanidad de su secta, aquel maniqueo se convirtió a nuestra santa fe e iglesia, como lo muestran las mismas actas. (*Vida de San Agustín*, 16)

Los maniqueos y el pensamiento de Agustín

Como hemos visto, uno de los grandes problemas que apartaban al joven Agustín de la fe de su madre era el de la existencia y origen del mal. Si Dios era bueno, poderoso y creador de todo cuanto existe, ¿cómo explicar la existencia del mal? Para Agustín esto no era solamente el problema teórico que frecuentemente entendemos bajo el encabezado de "teodicea", sino que era cuestión profundamente personal, cuestión del mal que encontraba en sí mismo. Así declara:

> Pero de nuevo decía, "¿Quién me ha hecho a mí? ¿Acaso no ha sido Dios, que es no sólo bueno, sino la misma bondad? ¿De dónde, pues, me ha venido el querer el mal y no querer el bien? ...¿Quién depositó esto en mí y sembró en mi alma esta semilla de amargura, siendo hechura exclusiva de mi dulcísimo Dios? Si el diablo es el autor, ¿de dónde procede el diablo? Y si este de ángel bueno se ha hecho diablo por su mala voluntad, ¿de dónde le viene a él la mala voluntad por la que es demonio, siendo todo él hechura de un creador bonísimo? (*Confesiones*,7.4.5)

En otras palabras, la existencia del mal se plantea en dos niveles. El primero de ellos, posiblemente más teórico, es el de cómo explicar que el Dios bueno haya creado las cosas malas. El segundo, más existencial, es cómo explicar la tendencia al mal que se halla arraigada en lo más profundo del alma. Los maniqueos parecían tener respuesta para ambas cuestiones. La existencia del mal en el mundo se debe a que el mundo no es hechura de un creador bueno, sino que es más bien una mezcla de dos principios igualmente poderosos y eternos. Dada esa mezcla, la existencia del mal no es sino la actividad del principio del mal o de las tinieblas. Y, en cuanto al mal que reside en la voluntad, esto se debe a que, de igual modo que en el mundo hay dos principios, en el ser humano hay dos almas, una buena y otra mala. Las luchas dentro de sí que el ser humano experimenta no es sino la lucha entre esas dos almas. Hay una substancia buena, la luz, y otra mala, las tinieblas. Las cosas que pertenecen a la luz son buenas, y las que pertenecen a las tinieblas son malas.

El afirmar que Dios es creador de todo dificulta la cuestión. Aun cuando Dios haya hecho el mundo de una materia preexistente, y el mal sea el resultado de la presencia de esa materia, esto no resuelve la cuestión. Si se piensa que Dios hizo el mundo de una materia mala, entonces hay que preguntar si Dios no tenía poder para transformar esa materia, o si no quiso hacerlo:

> ¿De dónde viene el mal? ¿Acaso la materia de donde [Dios] las sacó era mala y la formó y ordenó, sí, mas dejando en ella algo que no convirtiese en bien? ¿Y por qué esto? ¿Acaso siendo omnipotente era, sin embargo, impotente para convertirla y mudarla toda, de modo que no quedase en ella nada de mal? Finalmente, ¿por qué quiso servirse de esta materia para hacer algo y no más bien usar de su omnipotencia para destruirla totalmente? (*Confesiones*, 7.6.7)

Una vez más, para Agustín todo esto no era cuestión de mera curiosidad o de disquisiciones filosóficas, sino que le producía profunda angustia e inquietud. Según él mismo dice, "buscaba lleno de ardor de dónde venía el mal. Y ¡qué tormentos de parto eran aquellos de mi corazón!, ¡qué gemidos, Dios mío!" (Ibíd. 7.7.11).

Quienes más ayudaron a sacar a Agustín de esta angustiosa perplejidad no fueron los teólogos cristianos, ni siquiera su madre Mónica, sino los escritos de los neoplatónicos. El neoplatonismo era un monismo radical. Según él, no hay más que una realidad, el Uno Inefable. De él procede toda otra realidad, como los círculos concéntricos que una piedra crea al caer en el agua. Y, como en esos círculos concéntricos la fuerza del impacto inicial se va diluyendo según los círculos se vuelven más amplios y más distantes, así también en el caso de la realidad una, su bondad, su belleza y su poder se van diluyendo según se apartan del Uno del que toda la realidad proviene. El mundo todo no es sino una serie de "emanaciones" del Uno, todas ellas buenas, pero unas mejores que otras según se acerquen más al Uno del que todas provienen y al que todas han de regresar. Ya hemos visto el ejemplo del mono, que no es feo en sí mismo, pero sí lo es si se le compara a la belleza de los órdenes superiores —seres humanos y ángeles. De igual modo, no hay cosa alguna que sea mala en sí misma, en su propia sustancia.

Así llega Agustín a la conclusión de que no hay substancia mala, que el mal no tiene substancia, sino que es el desorden que se produce cuando las cosas se aparten del Uno Inefable, Creador de todas las cosas:

> E indagué qué cosa era la iniquidad, y no hallé que fuera sustancia, sino la perversidad de una voluntad que se aparta de la suma sustancia, que eres tú, ¡oh Dios!, y se inclina a las cosas ínfimas... (*Confesiones*, 7.16.22)

Pero, si el mal no existe como substancia, eso no lo hace menos real, y mucho menos para quien, como Agustín, se preocupa por el mal que ve dentro de su propio ser. El incidente de las peras no era solo un penoso recuerdo de los males de la juventud, sino también un fuerte indicio de que la voluntad del propio Agustín estaba corrompida; de que aunque Agustín pudiera ahora decir que el mal no fuera una sustancia ciertamente tenía arraigo dentro de su alma.

Como hemos visto, el modo en que los maniqueos resolvían la cuestión del mal dentro de la persona era semejante al modo en que resolvían el problema del mal en el mundo: así como en el mundo hay dos principios, el de la luz y el de las tinieblas, así también hay en el ser humano dos almas, una buena y otra mala. Agustín resume esta opinión de los maniqueos como sigue: "sostienen que en un mismo cuerpo habitan dos almas; una divina, que, naturalmente, es como Dios; otra oriunda de la raza de las tinieblas, a la que ni engendró, ni hizo, ni produjo... (*De la verdadera religión*, 9.16). Y, de igual modo que Agustín responde a la cuestión del mal en el mundo mediante el monismo absoluto de los neoplatónicos, así también responde a la cuestión del mal dentro de sí mismo mediante una afirmación radical de la unidad del alma humana. La lucha que hay dentro del alma, que constantemente se debate entre el bien y el mal, no es un conflicto entre dos almas o dos principios, sino que es un conflicto dentro de un solo ser, una sola alma: "cuando esto [el conflicto interno] me acontece, siento que hay en mí uno solo que delibera sobre dos posibilidades y elige una de ellas; pero al mismo tiempo frecuentemente nos atrae lo que no conviene, y andamos como nadando entre dos aguas" (*De dualidad del alma*, 13.19).

En este punto, Agustín entra a considerar la fuerza que el hábito tiene, tanto para mal como para bien. Las pasadas acciones malas van creando en el alma un hábito, y este se fortalece porque de algún modo misterioso el alma tiende a olvidar los aspectos negativos o dolorosos del mal pasado, y solo recuerda los placenteros. El mal se vuelve entonces consuetudinario, de tal modo que el alma, como por hábito, se inclina hacia el mal. Pero, en dirección contraria, también es posible crear en el alma el hábito de la virtud, de modo que la decisión correcta se le va haciendo cada vez más fácil —aunque con el correr de los años, con su creciente experiencia pastoral, con su propio sentido de imperfección, y sobre todo a consecuencia de sus debates con los pelagianos, Agustín se fue tornando cada vez más pesimista en cuanto al alcance que tales hábitos positivos podrían tener.

Luego, uno de los puntos principales en que su experiencia maniquea, y su interés en refutar las doctrinas maniqueas, impactaron su pensamiento es su insistencia, frente al dualismo maniqueo, en la unidad: la unidad de Dios y de su creación, la unidad del ser humano y la unidad entre los dos Testamentos. Para este énfasis en la unidad, el monismo neoplatónico le fue de gran ayuda, aunque según fueron pasando los años Agustín fue viendo la diferencia entre ese monismo y la doctrina cristiana de la creación, en la que Dios crea nuevos seres que, aunque procedan de la acción divina, no son divinos ni participan de la naturaleza divina. Esto, que es cierto de todas las cosas creadas, ha de subrayarse sobre todo en el caso del alma humana, que aunque sea lo que más se acerca a Dios de entre toda la creación, no es divina:

> Reconozca el alma su propia condición: no es Dios. Cuando se considera Dios, el alma ofende a Dios, y no encuentra en él un salvador, sino un condenador. En efecto, cuando Dios condena las almas perversas, no se condena a sí mismo, lo que sucedería, en cambio, si las almas fueran Dios...No puedes ser luz para ti mismo; no puedes; no puedes...No somos luz; antes bien, hemos de ser iluminados. (*Sermón* 182.4-5)

Además, y en parte en defensa de esas unidades (unidad de la creación, unidad del alma y unidad de las Escrituras), Agustín trató repetidamente sobre el origen y naturaleza del mal. En parte como explicación acerca del origen del mal, y en parte a fin de rechazar directamente el predeterminismo maniqueo, según el cual las almas de luz, por su propia naturaleza, estaban predestinadas a regresar al reino de luz, escribió sobre el libre albedrío —principio que posiblemente sorprenderá a quienes siempre han oído hablar de Agustín como uno de los principales proponentes de la doctrina de la predestinación.

Precisamente porque con tanta frecuencia se presenta a Agustín únicamente como el gran maestro de la predestinación, y no como defensor del libre albedrío, es necesario que nos detengamos a considerar lo que dice sobre este tema. Esto se ve principalmente en su tratado *Del libre albedrío*, que Agustín empezó a escribir en Roma y no terminó sino años después, ya en Hipona, y que por tanto no representa una primera e impensada reacción contra el maniqueísmo, sino un pensamiento cuidadosamente formulado que Agustín nunca abandonó.

El tratado, en forma de diálogo con su amigo y luego también obispo Evodio, comienza precisamente con el tema fundamental del origen del mal, pues Evodio pregunta: "Dime, te ruego: ¿puede ser Dios el autor del mal?" La respuesta de Agustín parte de la distinción entre dos clases de mal, pues no es lo mismo cuando decimos que alguien ha hecho algún mal que cuando decimos que alguien ha sufrido un mal. En el primer sentido, Agustín no vacila en afirmar que Dios no puede hacer ningún mal. Pero, por otra parte, Dios sí castiga a los impíos, y para ellos ese castigo es malo. Luego, en ese sentido limitado, sí se puede decir que el mal viene de Dios. Pero no se trata de un mal absoluto, sino de un mal desde la perspectiva limitada de los impíos, pues el que se les castigue no es un mal, sino un bien. Luego, lo que Agustín ha de discutir en este diálogo no es el mal en ese segundo sentido, en el que se refiere a lo que nos disgusta o nos duele, sino en el sentido más estricto, en el que el mal es lo que se hace contra los mandamientos de Dios. (Nótese que en todo esto Agustín no está discutiendo el mal de origen natural, como los terremotos, inundaciones, sequías, etc. En otras palabras, aunque el tema es el mal, esto se limita al mal moral y sus consecuencias. Luego, el tema más amplio de la teodicea—por qué un Dios bueno permite que haya tales calamidades—no se incluye aquí. En términos generales, en cuanto a este tema Agustín parece concordar con la opinión de otros cristianos norteafricanos que le precedieron: el mundo está envejeciendo y, de igual modo que nuestro envejecimiento nos causa dolores y trastornos, así también el envejecimiento del mundo conlleva calamidades naturales.)

La pregunta es entonces: ¿cómo puede un Dios bueno y todopoderoso permitir que sus criaturas —los seres humanos y los demonios caídos— hagan mal? Evodio lo plantea como sigue:

Turba, sin embargo, nuestro ánimo esta consideración: Si el pecado procede de las almas que Dios creó, y las almas vienen de Dios, ¿cómo no referir a Dios el pecado, siendo tan estrecha la relación entre Dios y el alma pecadora?" (*Del libre albedrío*, 1.2.4).

Al tratar sobre la conducta recta, Agustín sigue los lineamientos generales tanto del neoplatonismo como del estoicismo, en el sentido de que las acciones han de dirigirse según la razón. A esto se oponen las pasiones, que —aunque no son malas en sí mismas— tienden a oscurecer lo que la razón nos dice. Pero la victoria de las pasiones sobre la razón no tiene lugar sin la dirección del libre albedrío: "ninguna otra cosa hace a la mente cómplice de las pasiones sino la propia voluntad y libre albedrío" (Ibíd., 1.9.21). En otras palabras, el mal obrar es producto del libre albedrío, que se decide por la acciones que le sugieren las pasiones, y no por los principios que Dios le da a la razón humana.

Pero aunque esto explica el origen del mal en la voluntad humana, todavía no explica cómo es que el Creador no es responsable por el mal que hacen sus criaturas, ya que el libre albedrío mismo es creación de Dios. Evodio resume tanto lo dicho hasta aquí como el problema mismo como sigue:

> ...me parece ver ya resuelta y esclarecida la cuestión del origen del mal, que nos habíamos propuesto dilucidar después de ésta, a saber, en qué consiste el mal obrar; pues, si no me engaño, tiene su origen, según las razones aducidas, en el libre albedrío de la voluntad. Pero quisiera que me dijeras si el mismo libre albedrío, del que estamos convencidos que tiene su origen el poder pecar, ha podido sernos dado por aquel que nos hizo. Parece indudable que jamás hubiéramos pecado si no lo tuviéramos, y es de temer que por esta razón pueda ser Dios considerado como el verdadero autor de nuestros pecados. (Ibíd., 1.16.35)

En respuesta a esto, Agustín insiste en que todo cuanto existe es bueno —pues decir que hay criaturas por naturaleza malas sería caer en el dualismo de los maniqueos. Pero al mismo tiempo distingue entre tres categorías de bienes: los superiores, los inferiores y los intermedios:

> Por consiguiente, las virtudes, por las cuales se puede vivir rectamente, pertenecen a la categoría de los grandes bienes; las diver-

sas especies de cuerpos, sin los cuales se puede vivir rectamente, cuentan entre los bienes mínimos, y las potencias del alma, sin las cuales no se puede vivir rectamente, son los bienes intermedios. De las virtudes nadie usa mal; de los demás bienes, es decir, de los intermedios y los inferiores, cualquiera puede no sólo usar bien, sino también abusar. (Ibíd., 2.19.51)

La diferencia entre estos tres niveles de bienes puede aclararse con algunos ejemplos.

Bienes superiores son la justicia y el amor. Nadie puede usar mal de ellos, siempre que sean verdadera justicia y verdadero amor. Sin amor y justicia, no puede haber virtud. Bienes inferiores son los miembros del cuerpo. Bien utilizada, una mano puede hacer mucho bien; pero la misma mano también puede herir y hasta matar. Esto no quiere decir que la mano en sí misma sea mala. Lo que es malo es el uso que se hace de ella —lo que Agustín llamaría "abuso". Además, aun sin manos es posible vivir rectamente. Luego, la mano, uno de los muchos bienes creados por Dios, debería ser útil para la vida recta, pero no es necesaria para esa vida.

Entre esos dos niveles se encuentra este "bien intermedio" que es el libre albedrío. Este se asemeja a los bienes superiores por cuanto sin él es imposible vivir rectamente. Pero se asemeja también a los bienes inferiores por cuanto puede usarse para mal.

Este bien que es el libre albedrío o la voluntad es lo que, al tiempo que nos permite escoger entre los bienes superiores y los inferiores, y determinar el curso de nuestras acciones, hace al ser humano digno de alabanza y de vituperio. Sin él, nuestras acciones no serían ni buenas ni malas, sino sencillamente naturales. El movimiento de una piedra que cae o del agua que fluye es natural, pues la piedra no decide caer y el agua no decide fluir, sino que caen y fluyen por razón de su propia naturaleza. Por eso el que una piedra caiga no la hace digna de elogio ni de condenación. Pero el que la voluntad opte por el bien sí la hace digna de encomio; y si opta por el mal, digna de censura. De igual modo, lo que hacemos por naturaleza, y no por libre decisión, no es digno ni de lo uno ni de lo otro. Esto es importante, pues si la voluntad no fuese sino el resultado de fuerzas externas no sería libre, y por tanto no habría mérito ni culpa

Introducción a la teología mestiza de San Agustín

en acción alguna. Tales fuerzas externas pueden empujarnos en una dirección u otra; pero en fin de cuentas lo que vale es la decisión libre de la voluntad, aun en medio de tales presiones. Como dice Agustín, "¿cuál puede ser la causa de la voluntad anterior a la misma voluntad? O esta causa es la misma voluntad, y entonces en ella tenemos la raíz que buscamos, o no es la voluntad, y en ese caso la voluntad no peca" (Ibíd., 3.17.49).

En resumen, Dios creó al ser humano con este bien intermedio que es la libre voluntad. En sí, esa libertad es buena, y es parte de la perfección de la criatura humana. Pero, como bien intermedio que es, puede usarse para mal.

Resta todavía otro problema que Evodio le plantea a Agustín: ¿Cómo pueden nuestras acciones ser libres, si Dios las conoce de antemano? Evodio declara: "aun no veo cómo no están en contradicción estas dos cosas: la presciencia divina de nuestros pecados y nuestra libertad de pecar" (Ibíd., 3.4.9). La respuesta de Agustín es que Dios sabe lo que hemos de decidir, pero no lo determina. Esto es semejante a lo que acontece con nuestra memoria, que recuerda muchas cosas, aun cuando no sean cosas que uno mismo ha hecho. Así, recordamos tanto lo que hemos decidido hacer como lo que sucedió por otras razones. De igual modo, Dios conoce tanto lo que ha de acontecer porque Dios así lo ha dispuesto como lo que ha de acontecer por decisión libre de sus criaturas. Y esto no les resta libertad a tales acciones, de igual modo que nuestro conocimiento presente de nuestras decisiones pasadas no contradice la libertad de tales decisiones.

De entre todas las controversias en que Agustín se vio involucrado fue en esta contra el maniqueísmo que mejor éxito tuvo —aunque la que más se recuerda, y la que mayor impacto hizo sobre la teología posterior, fue su controversia con el pelagianismo. El maniqueísmo se presentaba como un sistema altamente racional que explicaba los misterios y contradicciones del universo y de la vida, y por ello el refutarle por medios intelectuales daba buenos resultados. Tenemos noticias repetidas de debates entre Agustín y algún maestro maniqueo, y de cómo Agustín resultó claramente vencedor en todos ellos. A la postre, en buena medida gracias a los esfuerzos y sobre todo a los escritos de Agustín, el maniqueísmo desapareció de la región. Y cuando, en siglos posteriores, volvieran a aparecer tendencias maniqueas o dualistas —como entre los bogomiles y albigenses en la Edad

Media, o entre los modernos que se dedican a especulaciones semejantes a las de los maniqueos y los gnósticos— el pensamiento y los escritos de Agustín han sido fuente donde han ido a beber quienes han intentado refutar tales tendencias.

Pero, aunque la polémica contra los maniqueos dominó los primeros años de la producción intelectual a Agustín, pronto otras polémicas la eclipsaron. La primera de ella fue la que sostuvo contra los donatistas, a la cual ahora hemos de dirigir la atención.

Capítulo 5
El pastor y los donatistas

El trasfondo

A partir de fines del siglo tercero, el norte de África fue una de las regiones en las que el cristianismo creció más rápidamente. En sus inicios, ese crecimiento fue particularmente notable en la ciudad misma de Cartago y en otros centros de romanización. Esto no ha de sorprendernos, pues la primera expansión cristiana tuvo lugar en lengua griega, y en África solamente la élite educada conocía esa lengua. Pero rápidamente los conversos entre esa élite educada comenzaron a testificar entre sus vecinos de lengua latina, y es por ello que, como ya hemos dicho, la teología cristiana en latín tuvo su orígenes —y casi todos sus principales expositores hasta el siglo quinto— en África.

De la población latina, el evangelio pasó rápidamente a las masas de lengua africana —algunas de habla púnica, pero la mayoría de lengua bereber o libia. Fue entre esas masas que el crecimiento fue explosivo, a tal punto que hacia principios del siglo cuarto había regiones en las que la mayoría de la población había abrazado el cristianismo. Como frecuentemente sucede en tales casos, ese proceso de conversión se vio impulsado por el descontento de las masas frente al régimen explotador de Roma. El sistema romano de recolección de impuestos, que sencillamente responsabilizaba a las autoridades de cada región por cumplir su cuota, y al mismo tiempo no les prohibía cobrar más de lo necesario y guardarse la diferencia, no sólo llevaba a la corrupción, sino que también resultaba en impuestos onerosos para los pequeños agricultores. La carga era tal que muchos sencillamente abandonaban sus tierras, pues les era imposible pagar los impuestos.

Entre los oficiales encargados de la recolección de impuestos era frecuente la práctica de ofrecerles a los campesinos préstamos para el pago de los impuestos, y luego quedarse con la tierra cuando el campesino no podía cubrir su deuda. Por todo ello, en toda la región, pero sobre todo entre las clases bajas urbanas y entre el campesinado en las zonas del interior, los romanos y sus agentes eran mal vistos, y frecuentemente tenían que marchar con fuertes escoltas cuando iban a cobrar los impuestos. Puesto que eran esos mismos romanos que les explotaban y oprimían quienes también perseguían a los cristianos, pronto muchos de entre las clases bajas comenzaron a ver la nueva fe con simpatía. Luego, la rápida conversión de buena parte de la región al cristianismo tenía también matices de protesta, o al menos de resistencia contra el orden existente.

Como hemos dicho anteriormente, la perspectiva teológica que rápidamente vino a dominar entre los cristianos de África era una perspectiva moralista, en la que Dios era sobre todo un legislador y juez que exigía obediencia y santidad. Desde esa perspectiva la principal marca de la iglesia ha de ser su santidad —santidad, no en el sentido de ser escogida o establecida por Dios, sino en el sentido moral de estar libre de pecado. Y, como también hemos dicho, tal perspectiva se presta a cismas repetidos, pues siempre hay quien piensa que la iglesia tal como existe no es suficientemente santa, y por tanto se aparta de ella para crear otra más santa —aunque, como la historia muestra repetidamente, siempre habrá dentro de esa nueva iglesia quienes exijan aun mayor santidad, y por tanto se separen para crear una iglesia más santa que la anterior.

Además, hay que recordar que el concepto romano de la autoridad difería del de la población africana. Para los romanos, la autoridad residía en el oficio de la persona, y no en sus virtudes. Naturalmente, se suponía que las autoridades fueran virtuosas; pero si no lo eran, eso no era excusa para no obedecerlas hasta tanto fuesen depuestas por otra autoridad superior. Para los africanos, la autoridad residía en la persona más bien que en el oficio. Se era jefe de una tribu o de una familia porque se era valiente, fuerte, sabio, etc. Pero si el jefe resultaba ser cobarde, débil o necio ese hecho mismo le privaba de su autoridad, y se le debía obediencia a otro jefe que pareciera ser más valiente, fuerte o sabio.

Las consecuencias de todo esto pueden verse en varios episodios que tuvieron lugar en la iglesia africana antes de tiempos de Agustín. A manera de ejemplo, veamos dos de los más importantes. El primero es el caso del montanismo y su campeón Tertuliano. El montanismo era un movimiento proveniente de Frigia que declaraba que la iglesia existente no era poseedora del Espíritu Santo, quien había venido a residir en Montano y sus seguidores. Como prueba de ello, ofrecían su santidad superior a la del común de los cristianos, así como sus experiencias extáticas. Al llegar a África, el montanismo pronto ganó la conversión de Tertuliano, el principal —y probablemente primer— autor cristiano en lengua latina. Tertuliano lo abrazó entusiastamente. El rigorismo moralista del montanismo en general y de Tertuliano en particular se ve en el modo en que este último entendía el proceso histórico de la fe. Según él, primero hubo la Ley de Moisés; luego vino la "Ley del Evangelio", que es más estricta que la de Moisés; y por último, la "Ley del Espíritu", que es aun más estricta que la de Jesús. Los montanistas, más santos por cuanto cumplen la Ley del Espíritu, son entonces la verdadera iglesia. Pero la historia del propio Tertuliano muestra lo que ya hemos dicho acerca de tales actitudes rigoristas, pues tras ser parte de la iglesia montanista Tertuliano decidió que esta no era suficientemente santa, y le dio origen a su propio grupo, generalmente conocido como "tertulianistas".

El otro ejemplo tuvo lugar medio siglo más tarde. En aquel tiempo el obispo de Cartago era Cipriano, quien hasta el día de hoy se considera uno de los grandes líderes de la iglesia antigua. Al desatarse la persecución, Cipriano se escondió, al tiempo que otros fueron llevados ante las autoridades. Varios de entre estos últimos fueron muertos, pero otros permanecieron en prisión —y a veces sufrieron torturas— hasta que la persecución amainó, y se les dio el título de "confesores", por haber confesado la fe en momentos difíciles y a un alto costo personal. Al amainar la persecución, algunos de los "caídos" —es decir, de quienes habían flaqueado ante las amenazas de las autoridades— querían volver al seno de la iglesia. Cipriano estaba dispuesto a permitirlo, pero insistía en que eran las autoridades eclesiásticas debidamente establecidas —entre ellas el propio Cipriano— quienes debían determinar a quién restaurar a la comunidad de la iglesia, y bajo qué condiciones. Pero algunos de los caídos iban a donde los confesores, quienes les absolvían de su pecado y les admitían de vuelta a la iglesia. En ese conflicto vemos dos modos diferentes de entender la autoridad. Por una parte Cipriano, formado intelectualmente en las escuelas romanas, pensaba que eran los obispos quienes tenían autoridad para decidir en cuanto a la restauración de los caídos. Por otra parte, sus opositores, en su mayoría africanos, insistían en que los confesores, en virtud de la probada firmeza de su fe, eran quienes tenían autoridad respecto a tal restauración —y al mismo tiempo señalaban que Cipriano, por haberse escondido de las autoridades, tenía menos autoridad que los confesores.

Orígenes del donatismo

Estos dos elementos —la santidad de la iglesia y el contraste entre la autoridad debida al oficio y la autoridad debida a la actuación— tendrían un lugar importante en los orígenes del donatismo y en los debates en torno a él. Aunque la Historia eclesiástica de Eusebio de Cesarea no trata mucho sobre el asunto, pues Eusebio no tenía acceso a los registros de lo ocurrido en África, el hecho es que África y la vecina provincia de Numidia sufrieron fuertemente bajo lo que se dio en llamar la "gran persecución" de principios del siglo cuarto. Quienes cedieron ante los mandatos imperiales fueron tantos que, según un testigo ocular, los templos paganos no tenían cabida para tantas personas. También los mártires fueron numerosos y —siguiendo las tradiciones que hemos apuntado— se les daba gran autoridad y hasta poderes mágicos. Así, por ejemplo, se cuenta de una señora rica de nombre Lucila quien tenía el hueso de un mártir e insistía en besarlo antes de tomar la comunión, como si la validez de la comunión se debiera al mártir más bien que a la comunión misma, o a la autoridad del celebrante y de la congregación en nombre de la iglesia.

El pastor y los donatistas

Los obispos más romanizados de Cartago y sus alrededores sostenían que antes de darle el título de "mártir" a una persona era necesario que los obispos le reconocieran como tal. No todos los muertos merecían ese título. El caso más común que se prestaba a controversia era el de los llamados "espontáneos", es decir, personas que se ofrecían voluntariamente al martirio aun antes que se les acusara ante los persecutores. ¿Eran tales personas verdaderos mártires? ¿No era el martirio una "corona" para la cual Dios elegía a algunos, y que por tanto no podía ser arrebatada mediante un acto de entrega fanática? ¿No tenían los cristianos el deber de huir de la persecución, y someterse al martirio solamente cuando fuera inevitable? Esto se había debatido por largo tiempo, y por lo general se había llegado a la conclusión de que los espontáneos no eran verdaderos mártires. Pero no todos concordaban en tal opinión, y en la propia región de África hubo siempre —al menos desde tiempos de Tertuliano— quienes sostenían que el martirio de los espontáneos era válido. El caso del hueso de Lucila es un ejemplo de los conflictos que esto producía. No sabemos quién era el mártir a quien Lucila veneraba; pero sí está claro que no era un mártir reconocido —*vindicatus*— por las autoridades eclesiásticas. Luego, el conflicto entre Ceciliano y Lucila no se debía sencillamente a que Ceciliano —entonces todavía arcediano, es decir, diácono principal— pensara que Lucila era supersticiosa, sino más bien a que el mártir a quien Lucila veneraba no era reconocido. En todo esto vemos una vez más el contraste entre dos entendimientos de la autoridad. Para Lucila, el mártir lo era por sus acciones, y no necesitaba de certificación eclesiástica para que se le venerara. Para Ceciliano, puesto que el mártir de Lucila no era *vindicatus*, no se le debía honrar como mártir hasta tanto las autoridades eclesiásticas establecidas le reconocieran.

Por una serie de circunstancias políticas, la persecución en África cesó en el 305, bastante antes que en otras regiones del Imperio. Hacia fines del 311, el obispo de Cartago murió en una visita a Roma, y era cuestión de elegir a su sucesor. Por más de medio siglo se había establecido la costumbre de que el principal obispo de Numidia participara en la consagración de su congénere de Cartago —la principal ciudad de la vecina provincia de África. Pero, temerosos de que los numidios intervinieran para hacer elegir a algún candidato de posturas más extremas, los cartagineses se apresuraron a nombrar obispo a Ceciliano, quien había sido arcediano bajo el obispo anterior y por tanto continuaría en sus políticas más moderadas. Inmediatamente, para no darles tiempo a los obispos de Numidia o de otras regiones del interior para expresar su desacuerdo, le hicieron consagrar por otros tres obispos, dos de la provincia de África y el tercero de la vecina provincia de Bizancenia —lo que los numidios tomaron por un claro intento de excluirles.

Aunque Ceciliano contaba con el apoyo de buena parte de los cartagineses de lengua y tradiciones latinas, su carácter no era impecable, y por tanto pronto tuvo oposición. Una de las personas que más se le oponían era Lucila —quizá en respuesta al agravio sufrido cuando, años antes, Ceciliano le había amonestado por razón de su devoción a un mártir no *vindicatus*. Con el apoyo económico de Lucila, la oposición aumentó, y se centró entonces en la acusación de que uno de los tres obispos que habían consagrado a Ceciliano, Félix de Aftunga, se contaba entre los llamados "traditores".

El título despectivo de "traditor" había surgido en medio de la persecución que acababa de pasar. En aquella "gran persecución" el objetivo inicial de las autoridades no había sido crear mártires —aunque bastantes mártires hubo— sino crear apóstatas, particularmente entre los líderes, y así debilitar la iglesia. Por ello el primer decreto imperial exigía que se destruyeran las iglesias y que los obispos y cualesquiera otros líderes que tuvieran ejemplares de las Escrituras debían entregarlos para que fuesen quemados. Más tarde otros edictos ampliaron el alcance de la persecución, decretando que era obligación de todos rendirles culto a los dioses, y ordenando la pena de muerte para quienes se negaran a hacerlo. Las respuestas al edicto acerca de las Escrituras fueron múltiples. Algunos se negaron a entregarlas y sufrieron el martirio o la cárcel y torturas —en cuyo caso venían a ser confesores. Otros, aprovechando la ignorancia de las autoridades, entregaron libros heréticos u otros escritos, diciendo que eran Escrituras cristianas. Muchos huyeron a regiones remotas llevando consigo los libros sagrados, y allí permanecieron hasta que amainó la persecución. Y otros sencillamente obedecieron el mandato imperial y entregaron los libros sagrados al fuego. A estos últimos los demás cristianos llamaban traditores —es decir, "entregadores" o traidores, por haber entregado las Escrituras.

El pastor y los donatistas

Lo que los opositores de Ceciliano entonces reclamaban era, en primer lugar que Félix era traditor; y, en consecuencia, que no era verdaderamente obispo y que no tenía autoridad para haber consagrado a Ceciliano. Y más todavía, que por cuanto los otros dos obispos se habían unido a Félix se habían contaminado con él. Luego, en su esencia el debate vino a girar una vez más sobre el carácter y el origen de la autoridad y sobre la santidad entendida como pureza. Para Ceciliano y los suyos, su consagración era válida por cuanto la habían efectuado tres obispos debidamente constituidos como tales. Para la oposición, el que Félix fuera traditor le privaba de su autoridad episcopal. Y el que otros se unieran a él les contaminaba también a ellos, les privaba de su santidad, y por tanto les desautorizaba también a ellos como obispos. Sobre la base de tales argumentos, la oposición eligió a otro obispo rival de Ceciliano, a quien los obispos de Numidia consagraron. Pero este murió al poco tiempo y le sucedió Donato de Casa Nigra, cuyo liderato fue tal que a partir de entonces su partido recibió el nombre de "donatistas". Donato era un hombre de convicciones firmes y de un carácter admirado hasta por sus opositores, quien por tanto no sólo contribuyó a la solidificación del movimiento, sino que también afianzó su reclamo a una santidad mayor que la del partido contrario. Esto lo reconocían hasta sus opositores —entre ellos San Agustín, quien a pesar de no concordar con sus doctrinas le llamó "piedra preciosa", junto a Cipriano.

Por otra parte, al terminar la persecución y surgir una nueva situación en la que el gobierno imperial, en la persona de Constantino, parecía favorecer cada vez más a los cristianos, muchos de entre los cartagineses romanizados comenzaron a acudir a la iglesia y pedir el bautismo. Desde el punto de vista de aquellos entre la población urbana pobre y entre el campesinado —particularmente en Numidia— que habían abrazado el cristianismo y vivido a través de la persecución, todo esto parecía una gran apostasía. Hasta poco antes, esas masas empobrecidas pagaban un alto precio por su fe; y ahora las mismas élites de siempre, llegadas a última hora, venían a unirse a la iglesia y hasta a reclamar privilegios en ella.

El curso del donatismo

En consecuencia de todo esto, el cisma tomó matices étnicos y sociales, y pronto contó con el apoyo de la inmensa mayoría de la población en Numidia y las provincias más hacia el oriente, así como de muchos en el interior de la provincia de África, y hasta entre las clases bajas en la misma Cartago. En tiempos de Agustín, Jerónimo declaró que el donatismo había venido a ser la religión de "casi toda África". Y el propio Agustín afirma que su pueblo nativo, Tagaste, se había vuelto "totalmente donatista" hasta que la presión de los edictos imperiales le hizo desistir de tal postura.

El debate entre Ceciliano y sus opositores llegó hasta el emperador Constantino, quien decididamente tomó el partido de Ceciliano y los suyos —lo cual no ha de sorprendernos, pues las tendencias separatistas del donatismo no serían del agrado del Emperador, quien había abrigado la esperanza de que la iglesia viniera a ser "el cemento del Imperio". Al mismo tiempo, Ceciliano logró el reconocimiento del resto de la iglesia, tanto en Europa como en el Oriente de habla griega, y por tanto reclamó para su partido el título de "católico", al tiempo que los donatistas eran declarados cismáticos. Esto fue confirmado por un sínodo de obispos de todo el occidente cristiano —incluso hasta de Gran Bretaña— reunido en Arlés en el 314. Por fin, en el 317, el Emperador decretó que todas las iglesias donatistas fueran confiscadas, y condenó al exilio a los líderes del movimiento. Pero los donatistas se negaban a obedecer, y Ceciliano solicitó mayor acción por parte de las autoridades imperiales. Esto llevó a conflictos aun mayores. En Cartago y los alrededores hubo motines y matanzas. Pero en Numidia, Mauritania y otras regiones donde el donatismo era particularmente fuerte los edictos de Constantino no se aplicaron. En consecuencia de todo esto, la rivalidad y hasta odio entre ambos bandos se acendró cada vez más, y las tendencias regionalistas del donatismo se acentuaron. Por fin, en el 321, en vista de que sus políticas no parecían ponerle coto al donatismo, Constantino rescindió sus decretos anteriores y les concedió tolerancia a los donatistas.

A partir de entonces el donatismo creció a pasos agigantados. Pronto Donato podría reunir concilios a los que acudían casi trescientos obispos. El partido "católico" de Ceciliano quedó prácticamente reducido a un pequeño grupo en Cartago y en unas pocas ciudades. Desde entonces, y hasta el 363, el donatismo dominó en todas las provincias del norte de África.

Pero esos mismos triunfos le acarreaban nuevos problemas al donatismo. Aquel movimiento originalmente de masas comenzó ahora a abrirse paso entre las clases más altas y cultas, y buena parte del liderato pasó a ellas. Entre estos nuevos líderes no existían los fuertes sentimientos contra el Imperio que había entre los primeros donatistas y entre las clases pobres, tanto urbanas como rurales. Pronto comenzó a haber descontento con sus líderes entre los mismos donatistas. Alrededor del año 340, esto le dio origen al movimiento de los "circunceliones", que acudió a la violencia en contra de los católicos, y en ocasión hasta contra algunos de los líderes donatistas más moderados. Los circunceliones eran particularmente fuertes en el interior de Numidia y en Mauritania, regiones donde el descontento con los romanos era profundo, y donde los romanos, a la sazón preocupados por retos más graves en Europa, no podían hacer valer su autoridad. Al tiempo que se declaraban donatistas, y utilizaban el desacuerdo religioso para atacar las villas y propiedades de los católicos, eran en realidad un movimiento de revolución social que no vacilaba en acudir al terrorismo para alcanzar sus propósitos —propósitos que, por otra parte, no estaban bien definidos, sino que se limitaban al deseo de destruir el poderío romano. Los donatistas más moderados normalmente trataban de distanciarse de ellos. Pero cuando les hacía falta su apoyo sí acudían a ellos.

En el 347, las autoridades romanas intervinieron una vez más. Su apoyo al partido católico era inevitable, pues era el partido que, además de contar con el reconocimiento del resto de la iglesia, mostraba más simpatías hacia el estado. En cuanto a Donato, cuando las autoridades le invitaron a exponer sus argumentos, sencillamente contestó que "nada tiene que ver el Emperador con la iglesia". Ante la presión del estado, el donatismo se deshizo tanto en la ciudad de Cartago como en la provincia circundante, África, al tiempo que continuaba siendo fuerte en Numidia y Mauritania. En Cartago misma, el representante imperial decretó la reunión de las dos iglesias bajo la dirección del obispo católico, y envió a Donato al exilio, de donde nunca regresó. Al mismo tiempo iba surgiendo en Roma un grupo de simpatizantes con los donatistas quienes declaraban que el obispo de la capital, por estar en comunión con los supuestos traditores africanos, no era verdadero obispo, y proponían un candidato rival. Pero este grupo nunca logró gran arraigo y, puesto que se reunía en cuevas en los montes, sus miembros eran conocidos como los montenses. En las provincias de África, Numidia y Mauritania, la persecución contra los donatistas se volvió cada vez más violenta y cruel.

La persecución se detuvo repentinamente cuando Juliano —comúnmente conocido como "el apóstata"— llegó al trono imperial. Juliano deseaba restaurar el paganismo, y las crecientes querellas entre cristianos eran por tanto de su agrado. Pronto decretó que las propiedades de las iglesias donatistas que habían sido confiscadas les fuesen devueltas, y que cesara toda presión contra los donatistas. Una vez más el donatismo se volvió dominante en las provincias de Numidia y Mauritania, aunque no en la de África. Al mismo tiempo surgieron notables líderes donatistas que le dieron nuevo realce al movimiento. El más destacado entre ellos fue Ticonio, de quien, como veremos en otro capítulo, Agustín tomaría algunas de sus ideas para su obra magna, *La ciudad de Dios*.

A la muerte de Juliano volvió la persecución contra los donatistas, al tiempo que las actividades de los circunceliones aumentaban y se hacían cada vez más violentas. Ante la persecución, los principales líderes donatistas se declararon abiertamente partidarios del uso de la fuerza, llegando a declarar que era legítimo oponerse violentamente a las autoridades que les perseguían y a la iglesia que esas autoridades apoyaban. Esto a su vez llevó a otro cisma más en la larga serie de cismas dentro del donatismo. En este caso los "rogatistas" —así llamados por razón de su líder Rogatus— insistían en la abstinencia de toda violencia como parte de la santidad requerida de la verdadera iglesia y de sus miembros. Cuando en Mauritania y la región circundante cierto Firmio se rebeló contra el poder romano y tomó el título de rey, los donatistas lo apoyaron y le proclamaron legítimo emperador, contra el de Roma. Pero la rebelión fracasó, y una vez más los donatistas sufrieron el peso de la autoridad imperial. Dos décadas más tarde la historia pareció repetirse, pues un hermano de Firmio, Gildo, dirigió una nueva rebelión y acudió también a los donatistas y circunceliones en busca de apoyo. Cuando por fin la nueva rebelión fue suprimida, en el año 398, el donatismo perdió toda ascendencia política, y se vio bajo constante y creciente presión por parte de las autoridades civiles. Al mismo tiempo, puesto que pretendía ser la verdadera iglesia por ser más santa que su rival, el donatismo mismo se vio dividido por una multitud de cismas en los que cada cual pretendía mayor santidad —rogatistas, maximianistas, urbanistas, claudianistas, etc.

La intervención teológica de Agustín

Siete años antes de que la rebelión de Gildo fuera suprimida, Agustín había sido ordenado presbítero por Valerio. Como resultado, sus escritos y labor intelectual tomaron nuevos giros. Hasta entonces, sus principales preocupaciones habían sido filosóficas, como se ve en sus primeros escritos. En cuanto a controversias, solamente se había ocupado en refutar a los maniqueos, en parte porque muchos de sus amigos y conocidos en la etapa anterior de su vida eran maniqueos, y en parte porque él mismo había sido maniqueo y se sentía por tanto llamado a refutar las creencias que antes había aceptado —y a conducir a la verdad a quienes antes había afirmado en el error. Ahora, sin embargo, comenzó a ocuparse más de las controversias entre cristianos, y en particular de la necesidad de refutar el donatismo. Resulta interesante notar que, aunque algunos entre los parientes de Agustín seguían siendo donatistas, el propio Agustín ni siquiera menciona el donatismo en ninguno de sus escritos antes de su ordenación. En toda la narración en las Confesiones de su juventud en Tagaste, nunca dice cuáles de sus amigos y compañeros eran donatistas y cuáles católicos. Probablemente, en vista de la persecución contra el donatismo, quienes todavía sostenían esa fe lo hacían a escondidas. Lo que es más, a pesar de que eran años de vicisitudes y rápidos cambios políticos, de persecución y de violencia, al parecer los círculos en que Agustín se movía no se dejaban llevar por tales apasionamientos. Según él mismo dice, después de ser ordenado presbítero en Hipona frecuentemente se le llamó a mediar en disputas en las que tanto donatistas como católicos venían a pedir su opinión, y en la misma

Hipona había familias en las que miembros de ambos grupos vivían bajo el mismo techo sin que sus diferencias religiosas provocaran ruptura en la familia. Al parecer, en la región norte de Numidia, desde Tagaste hasta Hipona, que colindaba con la provincia de África, los conflictos entre católicos y donatistas no eran tan violentos y amargos como en el resto de la provincia. Y, aunque Agustín no nos da detalles, resulta claro que había donatistas entre sus parientes bereberes. Lo que es más, en la propia Tagaste prácticamente toda la población había sido donatista hasta poco antes del nacimiento de Agustín, cuando por fin la presión imperial llevó a muchos donatistas a dejar la ciudad, y el resto abrazó el catolicismo. (¿Se contaría Mónica entre estos últimos? ¿Sería su matrimonio con un oficial romano lo que le llevó a abandonar el donatismo que las autoridades romanas perseguían? Es imposible saberlo.)

Durante los primeros años de su episcopado, Agustín escribió varias obras en contra del donatismo. En ellas se limita a cuestiones históricas y teológicas, pero no parece percatarse de que el conflicto, más que teológico, era social y cultural. Lo que es más, en este punto el pensamiento de Agustín no aparenta haber variado mucho, pues nunca parece haber entendido las raíces sociales y emotivas del donatismo, ni por qué las refutaciones teológicas e históricas no bastaban para ponerle coto. Pero a pesar de ello Agustín se opuso al donatismo en dos frentes: uno, el de la teología y el debate; y el otro, el de la política, con miras a lograr el apoyo del estado frente al donatismo. Luego, en la presente sección centraremos nuestra atención en los escritos de Agustín contra los donatistas, y sus debates con ellos, para luego, en la próxima sección, ocuparnos muy brevemente de sus actividades políticas y del consiguiente curso posterior del donatismo.

Uno de los primeros escritos de Agustín contra los donatistas (posiblemente del año 393) fue su *Salmo contra las opiniones de Donato*, una obra en verso en la que resumía, repetía y popularizaba los argumentos que antes había empleado Optato de Milevis —el único autor ortodoxo que había escrito ampliamente sobre la historia del cisma, e intentado refutar a los donatistas. Constaba de veinte estrofas de doce versos cada una. Puesto que cada estrofa empezaba con una de las letras del alfabeto, por orden, la obra también ha sido llamada el *Abecedario de San*

Agustín. Este libro es un indicio de que Agustín entendía que el donatismo era un movimiento de masas, y que para combatirlo era necesario alcanzar a esas masas. Cuando fue hecho obispo, en el 395, Agustín comenzó toda una serie de conferencias y debates con algunos de los líderes donatistas, así como una amplia correspondencia con ellos. En esa correspondencia se muestra respetuoso, pues su propósito no es vencer a quienes lean sus cartas, sino convencerles. En el año 400, Agustín escribió una obra en tres libros *Contra la epístola de Parmeniano*. Parmeniano, el recientemente difunto obispo donatista de Cartago, había publicado una carta en la que criticaba al donatista moderado Ticonio, quien concedía que los opositores del donatismo tenían razón al afirmar que la iglesia ha de ser universal, y no puede limitarse a la costa africana. Agustín, sin concordar con Ticonio en otros puntos, sale en su defensa, argumentando que en verdad el donatismo, por limitarse geográficamente a una sola región, no puede darse el título de "católico". En sus *Siete libros sobre el bautismo*, repite y amplía el argumento de Optato, que la eficacia del sacramento no depende de la santidad de quien lo celebra. Contra Petuliano, el principal vocero del donatismo en ese momento, escribió dos libros, y luego un tercero cuando Petuliano respondió a los dos iniciales. Por la misma época escribió también el tratado *De la unidad de la iglesia*, dirigido contra las tesis donatistas. A todo esto se suman varias obras menores —algunas de ellas perdidas— así como buen número de sus sermones y cartas. Según la controversia avanzaba, el tono se iba volviendo cada vez más virulento por ambas partes.

Los argumentos de Agustín en estos escritos son principalmente históricos y teológicos. Los primeros, de menor importancia para la historia posterior del cristianismo, niegan la aseveración donatista de que Ceciliano había sido consagrado por un traditor, y añaden ejemplos de algunos donatistas que sí fueron traditores. Los segundos —es decir, los teológicos— son mucho más importantes, pues continuaron marcando la teología cristiana largo tiempo después de desaparecido el donatismo, y hasta hoy.

De todo lo que antecede se desprende que el principal tema de debate entre Agustín y los donatistas era la naturaleza de la iglesia. Para los donatistas, la santidad de la iglesia requería la santidad de todos sus miembros, y por ello era necesario rechazar tanto a los traditores originales como a toda otra persona que se relacionara con ellos. Además, como consecuencia del debate mismo sobre la santidad de la iglesia y de la autoridad dentro de ella, surgía la cuestión del carácter y validez de los sacramentos. El argumento inicial de los donatistas, que le dio origen a todo el debate, era que la ordenación de Ceciliano no era válida porque en ella habían participado obispos traditores, y que a consecuencia de ello todos los sacramentos ofrecidos tanto por Ceciliano como por cualquiera que tuviera comunión con él tampoco eran válidos. Pero en tiempos de Agustín se le sumaba a todo esto otra cuestión, surgida de la intervención de las fuerzas imperiales mediante la persecución del donatismo: ¿Es válida tal intervención? ¿Qué criterios pueden justificar el uso de la fuerza y hasta de la guerra? Luego, los tres temas principales en la polémica de Agustín —temas que hemos de discutir en ese orden— son el de la naturaleza de la iglesia, el de la validez de sus sacramentos y el de la justificación de la violencia —la llamada "guerra justa".

El tema de la naturaleza de la iglesia, y particularmente de su santidad, había preocupado a los cristianos norteafricanos desde largo tiempo antes de Agustín. En el siglo tercero, Cipriano había insistido en que es imposible en este mundo separar el trigo de la cizaña, y que por tanto siempre habrá, entre el trigo santo de la iglesia, la cizaña sembrada por el maligno. Agustín se hace eco de Cipriano en este punto, refutando a quienes piensan que la iglesia es santa porque sus miembros son santos: "También el Señor dice de la cizaña añadida a la siembra del trigo: dejad que ambos crezcan hasta la recolección, esto es, el trigo y la cizaña" (*De la unidad de la iglesia*, 14.35). De igual modo, en un sermón utiliza el ejemplo del trigo y la paja:

> En el evangelio de este día hallamos oculta, hermanos míos, una verdad que aparece a las claras en otros lugares de los santos libros: la existencia en el seno de la iglesia de buenos y malos, a los que frecuentemente designamos con los nombres de trigo y paja. Nadie abandone la era antes de tiempo; soportad la paja en la trilla, soportadla en la era, pues lo que soporte aquí no lo tendrá en el granero. Vendrá el ahechador y separará los malos de los buenos. (*Sermón* 88.19)

Frente al reclamo donatista de ser la verdadera iglesia debido a su propia santidad, Agustín acude ante todo a la prueba empírica de que entre los mismos donatistas hay quienes distan mucho de la santidad. No se trata sólo de la violencia desenfrenada de los circunceliones, sino que aun entre los donatistas más moderados hay embriaguez, mentira, fornicación y todos los otros vicios que tanto abundan en el mundo. Lo que es más, aun si fueran santos en todo esto, dejarían de serlo por el solo hecho de ser cismáticos, pues el cisma es una falta de amor, y sin amor no hay santidad. En términos puramente empíricos, se ve claramente que, si la iglesia subsistiera en virtud de la santidad de sus miembros, habría dejado de existir largo tiempo antes, pues desde sus mismos inicios hubo en la iglesia tanto trigo como cizaña —y hasta el propio Judas participó de la Santa Cena.

Lo que hace santa a la iglesia no son sus miembros, sino su Cabeza, Jesucristo. Bajo esa cabeza, y como parte de su cuerpo, los fieles se esfuerzan por vivir en santidad, aun cuando saben que no pueden deshacerse totalmente de la lacra del pecado de Adán, de la cual toda la humanidad es partícipe. Pero, mezclada con el trigo de los verdaderos fieles, está la cizaña o la paja de los malos, que no ha de separase del trigo sino en el juicio final.

Esto quiere decir que, en el entretanto, hay que pensar en términos de la diferencia entre la iglesia invisible y la visible. Esta última es el conjunto de todos aquellos que se declaran cristianos, séanlo verdaderamente o no. En la iglesia visible, como en el campo de la parábola o en la era donde se trilla el grano, hay a la vez trigo y cizaña o paja. Y, aunque tengamos indicios de quiénes pueden ser lo uno o lo otro, no nos es dable distinguir absolutamente entre ellos hasta el día del juicio final. Hasta entonces, en la iglesia visible habrá creyentes fieles e hipócritas, verdaderos cristianos y otros que no lo son.

En contraste con la iglesia visible, pero dentro de ella, está la iglesia invisible. Esta es el cuerpo de Cristo, el conjunto de los que han de ser salvos —o, como diría Agustín más adelante, de los predestinados. Pero ese contraste no es tal que se pueda ser parte de la iglesia invisible sin ser parte de la visible. Quien se aparta de la iglesia visible en aras de una santidad mayor, se aparta también de la iglesia invisible, del cuerpo único de Jesucristo. Es importante subrayar esto, pues en tiempos posteriores la distinción entre la iglesia visible y la invisible se ha utilizado para afirmar que, después de todo, no hay por qué pertenecer a la iglesia visible. Agustín jamás concordaría con tales opiniones. Para él, la iglesia invisible existe únicamente dentro de la visible, y por tanto esta última no ha de ser desechada, a pesar de toda la cizaña que pueda haber en ella.

La santidad de la iglesia se ha de afirmar entonces únicamente acerca de la iglesia invisible, del conjunto de los miembros que, unidos a la Cabeza, forman el cuerpo de Cristo. Pero, puesto que esa iglesia invisible existe dentro de la visible, esta última merece el respeto y el amor de todo creyente, y el apartarse de ella es falta de amor y es lo mismo que apartarse de la invisible y por tanto de Jesucristo.

Por otra parte, la iglesia que es santa en virtud de Jesucristo, y una por razón de su unión con él, es también "católica" en virtud de su presencia en todas partes del mundo. Para Agustín, la catolicidad de la iglesia consiste precisamente en esa presencia —argumento de suma utilidad en la controversia contra el donatismo, que se centraba en África y tenía escasísimos seguidores fuera de ella. La iglesia verdadera, según Agustín, es "católica" porque es universal. Y aquí vemos una vez más la relación indisoluble —es decir, indisoluble hasta tanto no llegue el juicio— entre la iglesia visible y la invisible. Naturalmente, la iglesia cuya presencia se puede comprobar en todas partes del mundo es la visible. Pero esa misma presencia es señal de la presencia dentro de ella de la invisible.

Es debido a la importancia de esa iglesia visible que la unidad de la iglesia es tan importante. Y es también por esa misma razón que las autoridades establecidas por esa iglesia visible no han de ser despreciadas. Agustín conocía y en una de sus cartas dejó constancia de la línea de sucesión que se decía conectaba a los obispos de Roma con el apóstol Pedro. Pero ese orden de sucesión no quiere decir que todos los obispos de Roma hayan sido santos ni perfectos, como se requeriría si la santidad de la iglesia estuviese en sus miembros o en sus jefes. Al contrario, dice Agustín:

> Aunque en ese orden de obispos que va de Pedro a Anastasio, actual ocupante de aquella cátedra [es decir, la sede romana], se hubiese deslizado durante la persecución algún traidor de los libros [traditor], no sentaría prejuicio contra la Iglesia ni contra los inocentes cristianos, a quienes el Señor advirtió acerca de los malos jefes: "Haced lo que dicen, pero no hagáis lo que hacen; porque dicen y no hacen". Así está garantizada la esperanza fiel. Esta no estriba en el hombre, sino en Dios; nunca podrá ser derrocada por

la tempestad de un cisma sacrílego, como fueron derrocados estos donatistas. (*Epístola* 53.3)

En todo este argumento, y en esta misma actitud, Agustín se adhiere al modo en que los romanos veían la autoridad, en contraste con el entendimiento libio de la misma. Como hemos dicho, para los romanos la autoridad no reside en la persona como tal, o en su carácter, sino en el oficio. Quien es nombrado gobernador tiene autoridad de gobernador, por muy corrupto que sea, hasta que otra autoridad superior le deponga. En contraste, entre los libios o bereberes la autoridad residía en la persona misma y en su carácter, y el oficio era resultado de esa autoridad, y no vice versa. Así, al decir que el obispo de Roma, aunque fuese traditor, no perdería su autoridad, Agustín está afirmando la cara romana de su propia identidad, prefiriéndola por encima de la contraparte bereber.

En esa iglesia visible, y bajo su autoridad, se celebran los sacramentos. En tiempos de San Agustín no estaba confirmado el número exacto de los sacramentos —que no se fijaría en siete sino en los siglos doce y trece— y por tanto bajo tal encabezado Agustín se refiere a una variedad de ritos y prácticas religiosas. Para nuestros fines, los que más nos interesan entre esos ritos son la ordenación, el bautismo y la comunión. Pero sobre todo nos interesa el tema de la validez y eficacia de tales ritos. Esto era de suma importancia para Agustín, pues era precisamente en torno a ese tema que giraba todo el debate con los donatistas. El punto de partida del cisma mismo era el reclamo por parte de los donatistas, de que en la ordenación de Ceciliano había participado un obispo traditor, y por tanto indigno, y que como resultado de ello la ordenación misma era inválida. Como consecuencia de ello, inválida era también cualquier ordenación llevada a cabo por Ceciliano y quienes le apoyaban —es decir, toda ordenación excepto las de los donatistas. Y, siguiendo la misma argumentación, resultaba que también eran inválidos tanto el bautismo como la comunión celebrados por cualquiera que no perteneciera a la supuestamente pura línea de sucesión de los donatistas.

Este aspecto de la controversia tuvo su preludio en el siglo tercero, cuando Cipriano, el obispo de Cartago, chocó con su contraparte en Roma, Esteban. Lo que se debatía entonces era si el bautismo de los herejes era válido, o si los herejes convertidos a la fe ortodoxa debían ser rebautizados. Lo primero era la práctica común en Roma y en casi todo el resto de la iglesia, pero no en África, donde se acostumbraba rebautizar a los herejes convertidos. El conflicto casi llevó a una ruptura entre Roma y Cartago, que sólo se evitó debido a la muerte tanto de Esteban como de Cipriano. Aunque por algún tiempo los norteafricanos continuaron rebautizando a los herejes convertidos, poco a poco esa práctica se fue abandonando, de modo que ya un siglo antes de Agustín se aceptaba como válido el bautismo de los herejes.

Todo esto resurgió a raíz del cisma donatista. Los donatistas, apoyándose en la autoridad de Cipriano, insistían en que el bautismo, o cualquier otro rito, celebrado por ministros indignos no era válido. Luego, aunque Agustín defendía la práctica común de aceptar el bautismo y otros ritos celebrados por los donatistas, estos últimos insistían en la necesidad de rebautizar a los católicos que se hicieran donatistas, por las mismas razones que les llevaban a declarar nula la ordenación de Ceciliano, así como todos los ritos —incluso el bautismo y la comunión— celebrados por él y los suyos.

En todo este argumento, Agustín tenía por precursor al obispo Optato de Milevis, quien en sus Siete libros contra los donatistas había insistido en la validez del bautismo de los herejes, pues en el bautismo "no es el humano quien lava, sino Dios", y había declarado rotundamente que "si das otro bautismo, das otra fe, si das otra fe, das otro Cristo, y si das otro Cristo, das otro Dios". (*De schis. Donat.* 5.4). Siguiendo el mismo argumento, Agustín señala que, si como pretenden los donatistas, la validez del bautismo depende de los méritos del celebrante, entonces "habrá tantos bautismos cuantos diferentes méritos haya, y cada uno creerá que recibe algo mejor cuanto es más santo quien se lo da". Pero lo que sucede no es eso, sino que toda persona bautizada recibe el mismo bautismo y el mismo poder:

> ¿Por qué, si a éste, por ejemplo, le bautiza uno que es más justo y santo y aquél es bautizado por otro que es de mérito inferior a los ojos de Dios, de menos perfección, de continencia menos perfecta y de vida menos santa, reciben sin embargo, los dos lo mismo, sino porque El [Dios] es el que bautiza? Como si bautiza uno que es bueno y bautiza otro que es mejor, no da, por eso, éste una gracia mayor que aquél, sino que la gracia es la misma, no mejor en uno y

en otro, aunque los ministros sean unos mejores que otros. Lo mismo acaece si el que bautiza es indigno, ... lo que se da en este caso es una misma e idéntica gracia, no desigual, aunque los ministerios sean desiguales, sino igual, porque Él es el que bautiza. (*Sobre el Evangelio de Juan* 6.8)

En otras palabras, la validez, eficacia o virtud del bautismo no depende de quien lo administra, sino del bautismo mismo como acción de Dios. Bastante más tarde, en el siglo XIII, Pedro de Poitiers expresó lo mismo en fórmulas que han llegado a ser clásicas, distinguiendo entre las frases *ex opere operatio* (por acción del acto) y *ex opere operantis* (por acción de quien actúa). El bautismo entonces no actúa *ex opere operantis*, sino *ex opere operatio* —es decir, no en virtud de quien lo administra, sino en virtud del bautismo mismo y, tras el bautismo, del poder de Dios.

El tercer punto importante en el que la controversia de Agustín con los donatistas dejó su huella en el curso posterior de la historia de la iglesia, aparte de los ya discutidos en torno a la eclesiología y la doctrina de los sacramentos, fue la teoría de la guerra justa. Siguiendo las enseñanzas de Jesús, los primeros cristianos fueron pacifistas, y ni siquiera se permitía bautizar a los soldados. Pero poco a poco esa actitud fue cambiando, y el número de militares entre los miembros de la iglesia fue aumentando. Cuando, por acción de Constantino y sus sucesores, el Imperio se declaró cristiano, la iglesia tuvo que enfrentarse a la cuestión de la relación entre la fe cristiana y la necesidad de mantener el orden y de defender las fronteras frente a las crecientes invasiones germánicas. Esto se ve en el caso de Ambrosio, el obispo de Milán que tuvo un papel tan importante en la conversión de Agustín. Cuando se le eligió obispo de Milán, Ambrosio ni siquiera había sido bautizado porque, como alto oficial del gobierno que era, tendría que hacer uso de la fuerza policíaca y militar, y un cristiano bautizado no debía hacer tal uso de la violencia. Pero cuando vino a ser obispo y vio a su grey sufrir los desmanes causados por las invasiones germánicas se le hizo necesario afirmar el uso de la fuerza militar por parte del estado, y restringir el requisito del pacifismo a las relaciones interpersonales y a las acciones de los clérigos, quienes no debían tomar armas. Con ese fin, Ambrosio acudió a lo que habían dicho los autores clásicos griegos y latinos —sobre todo Platón y Cicerón— respecto a la justificación de la guerra. De ese modo comenzó a aparecer entre los teólogos cristianos la teoría de la "guerra justa", que más tarde Agustín elaboraría, no ya solamente para justificar la defensa frente a invasores foráneos, sino también para justificar la supresión de los circunceliones por medio de la acción militar.

Según Agustín, para que una guerra sea justa se requiere ante todo que su propósito sea la paz. En una carta al general romano Bonifacio, quien tenía escrúpulos en cuanto al uso de la violencia militar, Agustín le dice que "no se busca la paz para promover la guerra, sino que se va a la guerra para conquistar la paz" (*Epístola* 189.6). El objetivo de todo creyente, así como de la iglesia y del estado cristiano, ha de ser promover la paz, y sobre todo restaurar la paz perdida ante la violencia y la injusticia. Es por ello que se justifica la acción militar contra los circunceliones, cuya violencia destruye la paz. Por la misma razón las guerras de conquista no se justifican, pues su propósito no es restaurar la paz, sino extender el poderío de los conquistadores. En el caso de los circunceliones, no había tal intento de conquista, pues el territorio donde la acción tenía lugar era ya parte del Imperio Romano. Y, en el caso de los pueblos germánicos, su invasión del territorio romano no se justifica, pues se trata de una guerra de conquista. (Agustín no sabía que los germanos mismos venían huyendo de otros conquistadores.)

En segundo lugar, una guerra puede ser justa solamente cuando va dirigida por la autoridad establecida —en lo que vemos una vez más el énfasis romano en la autoridad como cuestión, no de mérito personal, sino de oficio. De no ser así, cualquier individuo o comunidad podrían declararles la guerra a sus vecinos, y se justificaría la venganza privada. La violencia privada jamás se justifica, pues sólo las autoridades establecidas tienen el derecho de establecer la paz mediante el castigo y hasta la guerra.

En tercer lugar, la guerra misma ha de conducirse de manera justa. La violencia innecesaria contra los no combatientes, la destrucción de la propiedad, los saqueos y las matanzas no pueden ser parte de una guerra justa.

Y, en cuarto lugar —y lo que más le sorprende al lector moderno— la guerra ha de llevarse a cabo con una disposición de amor. El propósito de la guerra no es destruir al enemigo, sino llevarle por buen camino:

Un padre no pierde nunca el amor paterno aunque castigue a su hijo algo ásperamente. Se ejecuta lo que el niño rehúsa aunque le duela, pues aun a la fuerza hay que corregirle con dolor. Por lo tanto, si esta república terrena mantiene los preceptos cristianos, las mismas guerras no se llevan sin benevolencia. Se trata de asentar más fácilmente a los vencidos en una quieta sociedad de piedad y de justicia. Con la victoria se logra utilidad para aquellos a quienes se les quita la licencia de la iniquidad. (*Epístola* 138.2.14)

Toda esta teoría de la guerra justa, que Agustín elaboró principalmente en torno a la supresión de los circunceliones —aunque también en respuesta a las invasiones germánicas—, vino a ser doctrina oficial de la iglesia, y hasta el día de hoy se utiliza como fundamento para la discusión acerca de las actitudes cristianas ante la guerra.

El papel de la política

El contexto de todo esto fue el proceso político y militar mediante el cual las autoridades imperiales buscaban suprimir el donatismo, particularmente en sus expresiones más extremas. La derrota en el 398 de la rebelión de Gildo, que muchos de los donatistas —y ciertamente los circunceliones— habían apoyado, les acarreó crecientes dificultades políticas a los donatistas, y ventajas al partido católico. Aunque hubo casos de violencia por ambas partes, por lo general la presión gubernamental no llegaba al extremo de la pena de muerte, sino que tomaba más bien forma económica. Así, por ejemplo, se les prohibía a los donatistas dejar herencias. Esta política hizo que muchos de entre los donatistas abandonaran su iglesia y abrazaran la fe católica. Tres años después de la derrota de Gildo, el número de tales conversiones llegó a ser tal que los obispos católicos de África, reunidos en sínodo, decidieron que, aunque la práctica aceptada fuese que los clérigos donatistas convertidos pasaran a la categoría de laicos, en casos en los que no había suficiente clero para el número de feligreses cada obispo podía determinar la política a seguir. Pronto lo que al principio se permitió en casos excepcionales se volvió práctica común, de modo que los clérigos donatistas convertidos conservaban su rango en su nueva comunidad de fe.

En ese mismo sínodo se decidió también enviar misioneros a las regiones donde los donatistas predominaban. Como era de esperarse, estos misioneros sufrieron violencia a mano de los circunceliones. Varios de los misioneros y otros líderes católicos fueron secuestrados, golpeados y torturados. En respuesta, el partido católico comenzó a tomar rehenes de entre los líderes donatistas, y apeló al procónsul romano para que le prestara protección y apoyo. El procónsul convocó a ambos bandos a una serie de debates y conferencias; pero los donatistas, temiendo que el procónsul ya había decidido a favor del partido católico, se negaron a asistir. Un colega de Agustín, Posidio, cayó en una emboscada de circunceliones, y a duras penas escapó con vida. Esto llevó a un largo pleito en el que los católicos ganaron, pero se contentaron con el fallo mismo, y pidieron que la pena no se cumpliera, pues Agustín y sus colegas querían evitar que se produjeran nuevos "mártires" cuyos sufrimientos pudieran servir de inspiración a los donatistas.

A pesar de ello, la violencia de los circunceliones aumentaba. El día llegó en que, fuera de la ciudad misma de Hipona, Agustín y sus compañeros no podían sentirse seguros. Un sínodo reunido en Cartago en el 404 apeló a las autoridades romanas, pidiendo que se castigara a los donatistas privándoles de muchos de sus derechos económicos —pero no de la vida, pues, una vez más, no se quería producir mártires. En respuesta a esa petición, pero sobre todo a otros actos de violencia por parte de los circunceliones, el emperador Honorio dictaminó que los donatistas eran herejes, y que por tanto todas las leyes anteriores contra los herejes se les debían aplicar. Además, los donatistas podían ser castigados con multas, confiscación de propiedades, cárcel y hasta tortura —pero no con pena de muerte. Y antes que algún donatista tomara posesión de su herencia tenía que hacerse católico.

Todo esto culminó en una conferencia convocada por el Emperador que se reunió en Cartago en el 411. El oficial romano que la presidía, Marcelino, era amigo y admirador de Agustín. Tras largos debates acerca del modo en que la asamblea debía conducirse, el resultado fue el esperado: Marcelino determinó que las leyes contra los donatistas se aplicaran, prohibió el culto donatista, y decretó que las propiedades donatistas serían confiscadas.

El curso posterior del donatismo

Agustín pensó que con esto quedaba sellada la suerte del donatismo, y a partir de entonces no se ocupó demasiado en refutarlo. Pero los circunceliones aumentaron sus fechorías, al tiempo que los romanos se mostraban cada vez menos capaces de intervenir en África. Un año antes de la conferencia de Cartago, en el 410, la propia Roma había sido tomada y saqueada por los godos. Lo que quedaba del Imperio Occidental tenía que emplear sus recursos para sobrevivir en Europa. Poco a poco, durante los últimos años de la vida de Agustín, los donatistas iban ganando terreno. Para la tercera década del siglo, parecía que en fin de cuentas los donatistas se posesionarían de África. Pero entonces vino la invasión de los vándalos —quienes se encontraban a las puertas de Hipona cuando murió el obispo de la ciudad, Agustín. A partir de entonces, los cristianos en el norte de África se vieron divididos entre católicos, donatistas y arrianos —pues tal era la fe de los invasores vándalos. Casi exactamente un siglo después de los vándalos, en el 533, el general bizantino Belisario invadió y conquistó la región, donde ahora se hicieron esfuerzos por establecer la ortodoxia bizantina. Tales divisiones facilitaron las conquistas árabes en el siglo séptimo, y hay indicios de que muchos entre los donatistas más extremos veían las conquistas islámicas como juicio de Dios contra los católicos. Pero el resultado de tales conquistas fue que a la postre toda forma de cristianismo —católico, donatista, arriano y bizantino— desapareció de la región. (Algunos eruditos señalan que el énfasis de los donatistas en los mártires y sus tumbas, que fue mucho más fuerte que en otras regiones, era continuación de antiguas costumbres bereberes, y que lo mismo continúa hasta el día de hoy en el islam de la región, en el que se practican ritos muy parecidos en honor de los santos musulmanes o marabutos.)

El triunfo y el fracaso de Agustín

Los ataques de Agustín contra el donatismo, y todos sus esfuerzos por refutarlo, no tuvieron el resultado apetecido. Tan pronto como, acosadas por la constante amenaza de los pueblos germánicos, las autoridades imperiales apartaron su atención de las provincias norteafricanas, el donatismo comenzó a florecer de nuevo, y hacia el fin de sus días Agustín volvió a verlo triunfante en casi toda la región. Esto se debió en buena medida a que el donatismo no era solamente un movimiento religioso o teológico, sino también una afirmación de la identidad libia que la élite romana tendía a suprimir. Agustín no parece haber tomado esto en cuenta. El principal indicio de que comprendía algo de los conflictos sociales y culturales involucrados en el cisma fue su *Abecedario* o *Salmo contra la secta de Donato*, que por su tono y estructura pretendía alcanzar a los lectores menos cultos. Pero aun así Agustín parece haber estado convencido de que lo que se requería era una refutación bíblica y teológica de las opiniones de los donatistas, quienes, vencidos en la palestra del debate, abrazarían la recta doctrina —y aun el *Abecedario* parece dirigirse a la misma meta.

El cisma donatista —o, mejor, los cismas, pues los donatistas repetidamente se dividieron entre sí— no era tanto cuestión de teología como de conflictos culturales, sociales y económicos. Como hemos visto, a pesar de su supuesto rigorismo los primeros donatistas estaban dispuestos a aceptar en su seno a quienes a todas luces habían sido traditores. Más adelante, con los circunceliones, el movimiento se volvió una campaña guerrillera contra los latinos asentados en el interior, y particularmente contra los ricos terratenientes.

En cuanto a estos últimos, Agustín no entendió, como antes Ambrosio sí entendió, el dolor y la injusticia inherentes en la mala distribución de los bienes. En una larga carta a Hilario, Agustín refuta la prédica donatista en el sentido de que los ricos, por el hecho mismo de acumular riquezas, practican la injusticia. Frente a esto, Agustín alaba a aquellos "ricos cristianos, que, aunque poseen bienes, no son poseídos por ellos hasta el punto de anteponerlos a Cristo" (*Epístola* 157.37). Mientras en la prédica de Ambrosio el énfasis recaía sobre la obligación de los ricos de compartir de sus bienes, en la de Agustín el énfasis frecuentemente recaía sobre la obligación de los pobres de no codiciar los bienes de los ricos. Así, refiriéndose a los ataques de los profetas contra las riquezas excesivas, dice:

El pastor y los donatistas

¿A qué atendieron? A la codicia, no a la riqueza. Comprendieron que, si los pobres no tienen riquezas, con todo, arden en deseos de codicia. Para que sepáis que no condenaban la riqueza en los ricos, sino la avaricia, atended a lo que digo: ves al rico que está junto a ti, quizá tiene dinero, pero no es avaro; tú no tienes dinero, pero te corroe la avaricia. (*Enarraciones sobre los Salmos*, 51.14)

Esto se debe en buena medida al énfasis en el orden que Agustín heredó tanto de su educación latina como de la filosofía neoplatónica. Así, comentando sobre el Génesis, dice que "hay entre los humanos un orden natural, según el cual las mujeres han de servir a los varones, los hijos a los padres, y el menos inteligente a quien lo es más" (*Sobre el Pentateuco*, 1.153), y entonces añade que, aunque esto no acontezca siempre en este mundo, "los justos que no se someten a la perversidad del presente en el día final tendrán una felicidad eterna y bien ordenada".

Y no es solamente en cuanto a la injusticia social que Agustín no parece percatarse de la profundidad de los sentimientos que predominaban entra la población bereber, sino también en cuanto a la supresión de la cultura. El donatismo era en buena medida un intento por parte de la población bereber o libia, supeditada ahora a la romana, de afirmar el valor de su cultura y de sus tradiciones. Pero Agustín mismo, a pesar de su propio mestizaje, había suprimido dentro de sí buena parte de sus raíces libias. En esto era buen heredero de Mónica, quien, al tiempo que rechazaba el paganismo de Patricio y buscaba su conversión, hacía todo lo posible por romanizar a su hijo en todo menos en su religión.

En resumen, la dificultad que Agustín tenía para reconocer la protesta libia que iba involucrada en el movimiento donatista tenía sus raíces en su propia dificultad para reconocer los elementos libios dentro de sí mismo, suprimidos por una larga educación en la que sólo se apreciaban los elementos latinos y griegos y se despreciaba todo lo que fuera africano o "bárbaro".

Pero si la obra de Agustín fue un fracaso en el orden práctico de convencer a los donatistas, fue un éxito en cuanto a su impacto en el curso posterior de la teología, sobre todo en lo que se refiere a la doctrina de la iglesia y los sacramentos y al uso de la fuerza para suprimir o evitar la injusticia. Respecto a esto último, durante toda la Edad Media los principios enunciados por Agustín respecto a la "guerra justa" continuaron siendo fuente para la justificación del poder del estado, y para el uso de la fuerza —a veces en formas que Agustín jamás hubiera aceptado, como en el caso de las cruzadas. En cuanto a lo primero, la enseñanza de Agustín respecto a la distinción y la relación inquebrantable entre la iglesia invisible y la visible vino a ser elemento común en toda discusión eclesiológica. Su modo de entender la catolicidad de la iglesia en términos de su presencia universal, en contraste con el carácter regional del donatismo, contribuyó a la confusión entre catolicidad y uniformidad que dominó todo el Medioevo, que llevó a la ruptura entre el Oriente y el Occidente, que en tiempos de la Reforma llevó a la insistencia en el uso del latín como única lengua litúrgica, y que hasta el día de hoy lleva a muchos a sostener que la catolicidad de la iglesia requiere uniformidad en sus prácticas, costumbres y ritos.

Capítulo 6
El pastor y los pelagianos

De las muchas controversias en que Agustín se vio involucrado, ninguna ha hecho mayor impacto en los siglos posteriores que la que sostuvo con los pelagianos. Casi inmediatamente después de la muerte de Agustín, el Concilio de Éfeso condenó el pelagianismo. A partir de entonces, pocos han sido quienes han aceptado el epíteto de "pelagiano", al tiempo que todos o casi todos se han proclamado "agustinianos". Pero también es cierto que poquísimos de entre los supuestos "agustinianos" lo han sido de veras, y que por tanto Pelagio no ha dejado de tener sus seguidores —al menos en algunos puntos de su doctrina.

Pelagio

Es poco o casi nada lo que se sabe de los primeros años de la vida de Pelagio. Sus contemporáneos se refieren a él como "británico", pero esto deja lugar a dudas acerca de si era procedente de Inglaterra, de Gales, de Escocia o hasta de Irlanda. Nació alrededor del año 352, y por tanto era coetáneo de Agustín, o quizá unos años mayor. No se sabe quiénes eran sus padres, aunque hay indicios de que eran personas educadas, o al menos de que valoraban la educación. El nombre que le dieron, "Pelagio", significa "procedente del mar" o "marino", y es de origen griego —en contraste con la mayoría de los nombres que circulaban entonces en Gran Bretaña, que eran de origen latino o celta. Gracias al apoyo de sus padres, el joven Pelagio obtuvo en Inglaterra una sólida educación que se caracterizaba, como era siempre el caso en ese país, por el estudio de los poetas e historiadores latinos —pero no de los griegos, cuyos escritos Pelagio no parece haber conocido sino de segunda mano. Cuando completó sus estudios en Inglaterra, posiblemente poco antes del año 380, sus padres le enviaron a estudiar en Roma, donde aparentemente esperaban que se preparara para una carrera en el servicio civil, quizá como administrador o como abogado. Como veremos, sus estudios de leyes le servirían más tarde de modelo para sus posturas y argumentos teológicos. Puesto que Agustín fue a enseñar en Roma en el 383, siendo todavía maniqueo, aparentemente ambos vivieron por algún tiempo en la misma ciudad, aunque no parecen haberse conocido entonces. Allí permaneció Pelagio hasta el 409, cuando —aparentemente huyendo de los godos, que se acercaban cada vez más a la ciudad y por fin la saquearon en el 410— partió para Sicilia. Tras permanecer allí por algún tiempo se dirigió a la provincia de África.

Todos los autores que le conocieron dicen que Pelagio era un individuo corpulento, de anchas espaldas y cuello grueso, cuya sola presencia y lento caminar inspiraban, si no temor, al menos respeto. Además, el propio Agustín elogia su devoción y pureza de vida —no así Jerónimo, quien siempre se destacó por su acrimonia, pero cuya invectiva alcanzó nuevos vuelos en sus ataques contra Pelagio. Al principio de la controversia, Agustín dice que "leí algunos escritos de Pelagio, varón, según me dicen, santo y cristiano de aventajada virtud" (*De los méritos y perdón de los pecados*, 3.1.1). Más tarde, tras recrudecer la controversia, Agustín resume sus relaciones con Pelagio como sigue:

> Limitándome principalmente a mis relaciones con Pelagio, he de decir que, tanto cuando Pelagio vivía fuera de Roma como cuando vivía en Roma, oí hablar con mucho encomio de él. Más tarde la fama nos trajo la noticia de sus disputas contra la gracia de Dios, y aunque esto, que no podía dejar de apesadumbrarme, me lo referían personas dignas de todo crédito, quería yo saberlo por confesión del mismo Pelagio o leerlo en algún libro suyo, con el fin de que, si me proponía rebatir sus errores, no lo pudiese él negar. Cuando más tarde arribó al África, hallándome yo ausente, aportó a Hipona; pero, según me dijeron los míos, no hizo ninguna propaganda y se ausentó luego. Después lo vi, creo que una o dos veces, en Cartago,

estando yo ocupadísimo con motivo de la conferencia que íbamos a celebrar con los donatistas; pero él no tardó en dejar las costas africanas." (*Actas del proceso contra Pelagio*, 22.46)

Pocos se atrevían a dudar de la sinceridad o de la pureza de Pelagio, quien llevaba una vida ascética de carácter monástico —aunque él mismo no era monje en el sentido de ser miembro de una orden o comunidad monástica, sino que aparentemente llevaba tal vida por cuenta propia.

Fue en el año 405, estando en la ciudad de Roma, que Pelagio escuchó de labios de un obispo las palabras de Agustín en sus *Confesiones*, "¡Oh amor que siempre ardes y nunca te extingues! Caridad, Dios mío, enciéndeme. ¿Mandas la continencia? Da lo que mandas y manda lo que quieras [*da quad iubes et iube quod vis*]" (*Confesiones*, 10.29.40). Aquello le parecía un escándalo a Pelagio. ¿"Da lo que mandas y manda lo que quieras"? ¿Quiere eso decir que si no hacemos algo —por ejemplo, practicar la continencia— eso se debe a que Dios no nos dado el poder para no hacerlo? ¿No es eso culpar a Dios por nuestras faltas? ¿Quiere eso decir que antes de practicar la virtud hemos de esperar que Dios nos dé el poder de practicarla? ¿No es eso justificar el vicio humano?

Pelagio tuvo una breve altercación con el obispo que citaba y defendía las palabras de Agustín, y a partir de entonces sus escritos comenzaron a criticar lo que Agustín había dicho acerca de la gracia y del poder y naturaleza del pecado —aunque sin referirse por nombre a Agustín, sino sólo a sus doctrinas y escritos. Pero, como el propio Agustín dice en las palabras arriba citadas, no se dedicó a promover su causa ni a buscar conversos, y sus críticas a Agustín fueron moderadas. Al parecer, lo que le interesaba a Pelagio era la santidad de una vida austera, y las doctrinas teológicas sobre las que tal vida debía apoyarse no eran su principal interés. Luego, no pretendía que otros concordaran con él en sus opiniones teológicas, pero sí que practicaran la santidad de vida.

Tal no era el caso del principal discípulo de Pelagio, Celestio, también oriundo de Gran Bretaña, quien estudiaba leyes en Roma cuando conoció a Pelagio. Este le llevó a apartarse de los intereses del mundo y a dedicarse a una vida austera en busca de la perfección. Al igual que Pelagio, Celestio nunca fue monje en el sentido estricto, pero sí llevaba una vida monástica en imitación de su maestro. Pero, a diferencia de su maestro, Celestio sí buscaba convencer y convertir a quienes no aceptaban las enseñanzas de Pelagio, y subrayaba las dimensiones teológicas y doctrinales de esas enseñanzas. Tales enseñanzas no parecían crear gran revuelo, aunque muchos dudaban de ellas. Pero cuando Celestio procuró la ordenación como presbítero, se hizo necesario examinar sus posturas teológicas, y fue entonces que se le acusó de herejía. Luego, fue el celo por parte de Celestio en la difusión de las enseñanzas de Pelagio, y su deseo de que se le ordenara —lo cual le daría a su doctrina un sello oficial— lo que llevó a un sínodo reunido en Cartago en el 412 a rechazar sus enseñanzas, declarándolas heréticas —lo cual no ha de sorprendernos, pues Agustín era el más respetado obispo de la región.

Pelagio partió entonces hacia el Levante, y se estableció en Éfeso. Allí encontró cierta acogida por parte del obispo Juan. Pero Jerónimo y otros insistieron en que sus enseñanzas eran heréticas. Un discípulo de Agustín, Paulo Orosio, se unió a los ataques. Un sínodo trató de resolver la cuestión. Mediante palabras ambiguas, pareció que las diferencias quedaran resueltas. Pero la controversia continuó hasta que el Concilio de Éfeso —Tercer Concilio Ecuménico— condenó el pelagianismo en el año 431 —es decir poco tiempo después de la muerte, primero, de Pelagio (aparentemente en Egipto, algo después del 423) y luego de Agustín (430).

El pelagianismo

Al principio, el debate giró en torno a la naturaleza del pecado, sus consecuencias y su alcance. En el sínodo de Cartago que tuvo lugar en el 412, se acusaba a Celestio de enseñar que el pecado de Adán tuvo consecuencias únicamente para él mismo, y no para su descendencia, pues cada cual nace limpio de pecado hasta que peca por cuenta propia. Esto a su vez quería decir que no era necesario bautizar párvulos antes de que tuvieran ocasión de pecar por sí mismos. (Nótese que, aunque los pelagianos objetaban al bautismo de infantes de igual modo que más tarde lo hicieron los anabaptistas, bautistas y otros, la razón de su objeción era diferente. Mientras los bautistas hoy se oponen al bautismo de párvulos porque no son capaces de creer y aceptar la fe, los pelagianos se oponían a él porque los infantes todavía no han pecado, y por tanto no necesitan de la redención que el bautismo les ofrece.)

Como sucede frecuentemente, lo que le dio particular virulencia al debate no fue solamente el conflicto acerca de las doctrinas en sí mismas, sino más bien el modo en que cada posición se manifestaba en el culto de la iglesia. Mientras desde largo tiempo atrás se había acostumbrado bautizar a los hijos de los creyentes cuando todavía eran párvulos, ahora Celestio se negaba a hacerlo.

Por otra parte, no cabe duda de que fue su interés en la santidad de vida lo que a la postre llevó a Pelagio —y luego más todavía a Celestio— a las doctrinas que hoy se conocen como "pelagianismo". Así, entre los escritos de Pelagio que se conservan hay varios que tratan casi exclusivamente sobre la vida cristiana y cómo ha de vivirse. En una carta a una mujer de nombre Celentia, Pelagio trata sobre la vida cristiana en general, y luego más específicamente sobre la vida de una mujer cristiana y casada. Semejante es el tono de otra epístola *Sobre la virginidad*, dirigida a una mujer soltera, y del tratado *Sobre la ley divina*, dedicado a un personaje importante de nivel senatorial quien buscaba cómo ser cristiano en medio de su vida cotidiana. Aquí Pelagio centra su atención una vez más en los aspectos prácticos de la vida cristiana, exhortando a su lector a conocer y obedecer la ley, a recordar constantemente la recompensa que tiene reservada en el cielo, y a llevar por tanto una vida pura y austera —aunque también se encuentra allí algo sobre el bautismo y su significado.

En todo esto se decía poco acerca de la gracia de Dios y se subrayaba la responsabilidad del creyente. Pero Pelagio no parecía apartarse mucho de las enseñanzas del resto de la iglesia. Evidencia de ello es que estos tratados lograron sobrevivir porque se les atribuyeron a otros personajes respetados —particularmente a Jerónimo, quien a pesar de ser enemigo acérrimo de Pelagio participaba en sus tendencias ascéticas.

Pero según el debate se fue recrudeciendo, las doctrinas de Pelagio acerca de la gracia vinieron a ocupar el centro de la escena. La razón por la que Pelagio reaccionó tan fuertemente contra la oración de Agustín", Da lo que mandas y manda lo que quieras", era que tal oración parecía culpar a Dios por la desobediencia humana. El dicho de Agustín parecía implicar que, si Dios no manda la gracia que nos permite hacer lo que Dios desea, la culpa no es nuestra, sino de Dios. Por otra parte, para que lo que hacemos sea realmente bueno y virtuoso, ha de ser producto de nuestro libre albedrío, y no de nuestra naturaleza o de la gracia de Dios. Una piedra que cae porque tal es su naturaleza no merece reprobación ni elogio alguno. Tampoco los merece una piedra lanzada por alguna persona. En el primer caso, la piedra cae por naturaleza. En el segundo, por agencia externa. De igual modo, si pecamos por razón de nuestra naturaleza pecadora nuestras acciones no merecen castigo. Y si obramos bien por razón de la gracia de Dios, nuestras acciones carecen de todo mérito.

En todo esto, tanto Pelagio como Celestio manifestaban su trasfondo en los estudios del derecho romano. Ese derecho subrayaba el valor de la ley por encima de toda otra autoridad. La ley era el fundamento de la sociedad toda, pues sin ella la vida social resultaría imposible. La tarea del jurista consistía entonces en aplicar la ley a casos específicos, y esto debía hacerse mediante una lógica práctica e inflexible. En breve, lo que el jurista debía dictaminar era qué decía la ley, y entonces debía exigir su cumplimiento. Como parte y fundamento de todo esto estaba el principio de la equidad, pero también el elemento de posibilidad —es decir, quien no tiene la posibilidad de cumplir una ley no tiene obligación de obedecerla, y por tanto no es responsable por su incumplimiento. Esto podía verse específicamente en los modos diferentes en que la ley debía aplicárseles a los ciudadanos libres y a los esclavos. Las leyes romanas sobre la esclavitud eran en extremo severas, pero un esclavo no debía ser castigado por obedecer los mandatos de su amo. Para ser completamente responsable ante la ley no sólo hay que tener la posibilidad de cumplirla, sino también la libertad para cumplirla o no.

Además, en los escritos de Pelagio se ve su preocupación por la recta administración de la ley. Pelagio conocía de cerca los abusos de que la ley era objeto y que frecuentemente llevaban a los menos poderosos a la miseria y hasta a la muerte. Dada tal situación, el poder de la ley dependía de la justicia y equidad por parte del juez, y un juez de tendencias caprichosas e impredecibles no podía ser buen administrador de la justicia.

En todo esto, tanto Pelagio como Celestio seguían los mejores principios de la teoría legal romana, y por tanto no es en balde que Jerónimo llama a Pelagio —quizá con algo de ironía— "hombre latinísimo".

Llevado al campo de la teología, esto quería decir que para ser verdaderamente justo Dios ha de juzgar con equidad, y que para ser buen administrador de la ley ha de aplicársela a todos por igual. Así, al tratar en su *Comentario sobre Romanos* sobre Romanos 2.2, donde Pablo declara que "el juicio de Dios contra quienes practican tales cosas es según la verdad", Pelagio explica que...

> ..."el juicio contra quienes practican tales cosas...es según la verdad."...De otro modo tal pareciera que a Dios le place el mal y le disgusta el bien. Pero de hecho sabemos que Dios no muestra favoritismo alguno, pues ni siquiera perdonó a los ángeles ni a sus amigos cuando pecaron. Pero el juicio humano se corrompe de muchos modos. La integridad de los jueces frecuentemente se doblega ante el amor, el odio, el temor y la avaricia, y en ocasiones la misericordia tiende contra el gobierno de la justicia.

Todo esto quiere decir que tanto el mérito como la culpa han de fundamentarse en el libre albedrío humano. Quien actúa movido por su propia voluntad merece premio o castigo. Quien lo hace por naturaleza, o movido por Dios, no merece ni lo uno ni lo otro. Indudablemente, la gracia de Dios es necesaria, pues sin ella no podemos obedecer la ley de Dios. Pero, puesto que Dios es juez justo, la dádiva de la gracia tiene que fundamentarse en la decisión humana. Dios les concede gracia a quienes la piden y la merecen, y no se la concede a quienes no la piden o no la merecen. Y lo mismo puede decirse del Espíritu Santo y de la adopción como hijos de Dios. Comentando sobre Romanos 8.14, Pelagio se refiere a "quienes son dignos de ser gobernados por el Espíritu Santo". Y más adelante, sobre la base de Romanos 8.17, declara que "quien es digno de ser hijo es digno de ser hecho heredero del Padre y coheredero con el Hijo verdadero [es decir, del Hijo Unigénito]". De igual modo que la gracia se fundamenta en la acción y decisión humanas, la dádiva del Espíritu y la adopción como hijo o hija se reservan para quien merezca tales dones.

Todo esto iba indisolublemente unido al libre ejercicio de la voluntad. Si por sí sola la voluntad no puede tornarse hacia Dios y servir a Dios, entonces no hay mérito alguno en tal conversión ni en tal servicio. Aunque en medio de las exageraciones e ironías que le son típicas, Jerónimo puso el dedo sobre la llaga al poner en labios de Pelagio las siguientes palabras:

> Estoy libre de pecado. Mis vestimentas están limpias. Mi propia voluntad me gobierna, y por tanto estoy por encima del Apóstol. El Apóstol hacía lo que no quería, y quería lo que no hacía. Pero yo hago lo que mi voluntad manda, y no hago nada que mi voluntad no mande. (*Diálogo contra los pelagianos*, 2.24)

Y luego, con mayor sarcasmo, Jerónimo pone en labios de Pelagio palabras que Pelagio nunca hubiera dicho, pero que según Jerónimo se seguían de sus aseveraciones acerca del poder de su voluntad y de los méritos de su vida austera: "El Reino de Dios me ha sido preparado; o más bien, mediante mi vida virtuosa yo mismo me lo he preparado" (Ibíd.).

Aunque la controversia incluía muchos otros puntos, era en esto que radicaba la diferencia fundamental entre Agustín y Pelagio. Para el primero, el amor de Dios y la corrupción humana son tales que el ser humano es incapaz de hacer el bien por su propia voluntad. Para el segundo, la justicia de Dios y la integridad humana son tales que el ser humano es capaz de hacer el bien por su propia naturaleza y voluntad. Para el primero, la gracia de Dios no es verdadera gracia si no es gratis. Para el segundo, una gracia absolutamente gratis negaría la justicia de Dios. En estas dos posturas se reflejaba en cierta medida la experiencia de cada cual. Pelagio había vivido desde joven una vida seria y relativamente limpia. De allí había pasado, aparentemente sin grandes luchas internas, a la vida ascética, y se había dedicado tanto a seguirla como a llamar a otros al mismo camino. Para él, la esencia de la vida cristiana estaba en una obediencia fundamentada en la libre decisión de la voluntad. Agustín había tenido una juventud turbulenta, y tenía penosos recuerdos de su rebelión contra Dios y de su incapacidad para hacer lo debido. En su experiencia, la rebelión contra Dios era tan profunda que llegaba hasta lo más íntimo de la voluntad, de tal modo que al mismo tiempo que Agustín quería obedecer a Dios no quería obedecerle. Al repasar su camino a la fe, veía que su voluntad corrupta no le había servido para llegar a Dios, hasta tanto no le plugo a Dios darle de su gracia y concederle una nueva voluntad.

Agustín entra en la controversia

Como hemos visto, al principio Agustín les prestó poca atención a Pelagio y sus doctrinas, aparentemente pensando que se trataba de un hombre sincero, al parecer con algunas ideas erradas, pero no peligrosas. Cuando tuvo ocasión de conocerle en Cartago, otras preocupaciones le parecieron más importantes, y dejó pasar la oportunidad. Pero los debates en el sínodo del 412 le convencieron de la necesidad de advertir a su grey acerca de los peligros del pelagianismo, y lo hizo en varios sermones. En uno de ellos, acerca de la parábola del fariseo y el publicano, se refiere claramente a los pelagianos al decir:

> Abran aquí los ojos y presten oídos ciertos impíos charlatanes que presumen de sus fuerzas y dicen: "Dios me hace hombre; yo me hago justo". ¡Peor y más detestable que el fariseo! El fariseo llamábase justo, es verdad, pero daba gracias a Dios por ello. .... ¿Qué diremos del que lucha impíamente contra la gracia, si es reprendido quien soberbiamente da gracias? (*Sermón* 115.3)

Y, sabiendo que el punto en el que el debate tocaba más de cerca la vida de sus congregantes era el modo en que se manifestaba en el culto y las prácticas bautismales, Agustín pasa entonces a la cuestión del bautismo de párvulos, insistiendo en que ni aun estos son totalmente libres de pecado:

> Ved que ahora desfilan los párvulos, o mejor dicho, son traídos de brazos, y se los presentan a Jesús para que los toque. ¿Quién ha de tocarlos sino el Médico? Cuando los niños están sanos, ¿quién los lleva a nadie? .... Vengan los párvulos, como enfermos al médico, como perdidos al redentor, vengan, sí; nadie se lo impida. (*Sermón* 115.4)

Aparentemente, Agustín no tenía mayores deseos de continuar la controversia. Por un tiempo se limitó a escribir sobre la gracia y su necesidad, sin mencionar por nombre a Pelagio ni a Celestio. Pero pronto varios incidentes le llevaron a una actitud más desafiante contra Pelagio y sus seguidores.

Esto se vio, por ejemplo, cuando la distinguida joven Demetria, antigua discípula de Agustín y de su amigo Alipio, decidió dedicarse a la vida religiosa en virginidad perpetua. Aquella familia era tan distinguida en los círculos cristianos que tanto Pelagio como Jerónimo le escribieron a Demetria dándole consejos. Enterado del escrito de Pelagio —y posiblemente teniéndolo a la mano— Agustín se une a Alipio para escribirle a Juliana, la madre de Demetria, sobre los peligros del pelagianismo. Allí se refiere a cierto "libro que alguien escribió a la santa Demetria", que es indudablemente la carta de Pelagio, y le dice:

> Que la virgen de Cristo lea en ese libro, si eso es lícito, por qué [su autor] cree que su santidad virginal y todas sus riquezas espirituales no son sino de su propia cosecha. Y aprenda, Dios nos libre, a ser ingrata antes de ser plenamente bienaventurada. He aquí las palabras que en ese libro se le dicen: "Aquí tienes por qué has de ser con razón antepuesta a las otras. O más bien aquí está tu grandeza. Porque la nobleza corporal y la opulencia pertenecen a los tuyos y no a ti. Pero nadie pudo darte, sino tú misma, las espirituales riquezas. Luego con razón eres de alabar en esto y de ser preferida a las demás, ya que tales riquezas no pueden estar en ti si no proceden de ti." (*Epístola* 188.2.4)

De todas partes le llegaban a Agustín preguntas y dudas acerca de las enseñanzas de Pelagio y de Celestio. Aparentemente, estas habían alcanzado cierta popularidad en Sicilia, desde donde un tal Hilario le escribió a Agustín pidiéndole consejos al respecto. Poco después, también desde Sicilia, dos obispos le mandaron un documento anónimo que circulaba ampliamente, y que a todas luces era un escrito de Celestio. De igual modo desde Éfeso llegaban informes acerca del sínodo que parecía haber alcanzado la resolución de los conflictos, pero cuyas decisiones no respondían en verdad a las cuestiones debatidas, ni aclaraban una serie de declaraciones ambiguas por parte de Pelagio.

De todos esos documentos se desprende que, mientras para Agustín el gran error del pelagianismo era ver la gracia como don que se alcanzaba mediante la voluntad y conducta humanas —es decir, negar que la gracia es gratis—, para otras personas las cuestiones eran más prácticas, o al menos más fáciles de comprender. Así, por ejemplo, la carta de Hilario decía poco acerca de la gracia. Aparentemente lo que le preocupaba a Hilario era que Pelagio negaba el pecado de los recién nacidos —y por tanto la necesidad de bautizarles—, que afirmaba que era posible vivir una vida completamente santa, sin sombra de pecado, que decía que la iglesia podía estar libre de toda mancha de pecado —en lo que aparentemente Hilario confunde el rigorismo de Pelagio con el de los donatistas— y que enseñaba que no se debía prestar juramento aunque el estado lo requiriese y que los ricos que no se deshacen de sus riquezas no pueden entrar al Reino de Dios —lo cual es índice de que en toda la controversia estaban involucradas también cuestiones políticas y sociales.

El tratado —aparentemente de Celestio— que circulaba en Sicilia tenía argumentos mucho más serios, aunque también en él se decía poco acerca de la gracia. El primer argumento de Celestio, que aparece repetidamente con diversos matices, es que para que el pecado sea verdaderamente pecado ha de ser voluntario, y que por tanto ha de ser posible evitarlo. Si no es posible evitarlo, no es pecado. Además, el mandato implica la posibilidad de cumplirlo. Si no es posible cumplirlo, no es mandato legítimo. Pretender que Dios da mandamientos que somos incapaces de cumplir es decir que Dios es injusto, y es por tanto blasfemar contra Dios. Por tanto, es posible cumplir los mandamientos de Dios mediante nuestra propia voluntad, y así vivir limpios de pecado.

En todo esto vemos una vez más los fundamentos del pelagianismo en el sistema legal romano. De igual modo que para ser justa una ley tiene que ser capaz de cumplirse, y para ser justo un juez no debe castigar lo que era inevitable, así también la ley de Dios es justa porque es posible cumplirla, y Dios es justo porque no castiga sino lo que decidimos y hacemos por nuestra propia voluntad y decisión.

La respuesta de Agustín

Según la controversia se fue ampliando, Agustín le dedicó cada vez más tiempo, al punto que buena parte de sus obras se ocuparon en refutar el pelagianismo. Su primer escrito importante contra el pelagianismo fue su tratado *De los méritos y del perdón de los pecados*, obra originalmente en dos libros escrita en el 412 —precisamente la época del sínodo de Cartago que rechazó el pelagianismo— en respuesta a la petición que le hiciera el tribuno Marcelino. Según el propio Agustín le dice a Marcelino, ya desde antes había escuchado en la calle algunas de las ideas que se le atribuían a Pelagio, pero no se había dedicado a refutarlas:

> No hace mucho tiempo, estando en Cartago, rozaron ligeramente mis oídos estas palabras de algunas personas que pasaban hablando: "Los niños no se bautizan para recibir el perdón de los pecados, sino para que se santifiquen en Cristo". Quedé impresionado por aquella novedad, pero, como no era oportuno contradecirles ni eran hombres cuyo crédito me inquietase, fácilmente se desvanecieron aquellas palabras entre las cosas pretéritas y olvidadas.
> Mas he aquí que ahora con celo ardiente se defienden aquellas ideas; he aquí que se divulgan por escrito y han llegado las cosas a un extremo tan peligroso, que me han dirigido desde allí consultas mis hermanos. Por eso me obligan a polemizar y escribir contra ellos. (*De los méritos y del perdón de los pecados*, 3.6.12)

En el primer libro de esa obra Agustín se ocupa sobre todo del pecado original y del bautismo de párvulos. Aunque desde mucho antes San Pablo había dicho que "en Adán todos pecaron", no todos entendían esto en términos de una herencia de pecado. De hecho, fue en África que unos doscientos años antes de Agustín Tertuliano propuso y defendió la teoría del pecado original como una herencia que todos reciben de Adán. Pero ya en tiempos de Agustín aquella opinión de Tertuliano se había vuelto parte de la tradición cristiana en casi todo el Occidente de habla latina —sobre todo en África. Luego, al defender la idea del pecado original como herencia Agustín no estaba diciendo nada nuevo, sino sencillamente reafirmando la fe común de la iglesia en su región. Fue en buena medida gracias a esta y varias otras obras de Agustín que el Occidente cristiano llegó a pensar del pecado original solamente en términos de una condición heredada de Adán. Uno de los argumentos de los pelagianos era que, si el bautismo lava el pecado original, los hijos de creyentes bautizados no heredan ese pecado, y por tanto no necesitan del bautismo. Agustín responde que la herencia del pecado de Adán es tal que "el vicio original perdura en la prole de tal modo que la hace rea, aun cuando en los padres el reato de ese mismo vicio haya sido borrado por la remisión de los pecados" (*Del pecado original*, 2.39.44).

Volviendo entonces al tratado *De los méritos y del perdón de los pecados*, todavía en el primer libro, Agustín pasa a defender la necesidad de bautizar a los párvulos para librarles de la pena y de la esclavitud de ese pecado original. También en esto Agustín no estaba sino defendiendo lo que era creencia del común de los cristianos en su entorno.

El segundo libro se ocupa sobre todo del libre albedrío y de la posibilidad de vivir sin pecado. En sus escritos contra los maniqueos Agustín había subrayado el hecho de que la voluntad es libre solo en cuanto es su propia causa. Lo que se hace por naturaleza o por impulsos externos no es libre. Ahora se ve en la necesidad de aclarar este punto, en el que podrían confundirse sus enseñanzas con las de los pelagianos. Por eso declara que, aunque la voluntad es libre, hay en el ser humano una fuerza que se opone al bien, y que Agustín llama "concupiscencia" —que no se refiere siempre, como en el uso común, a los apetitos sexuales, sino a todo apetito terrenal que oscurece el amor a Dios. Es por razón de esa concupiscencia que el ser humano es incapaz por sí mismo de hacer el bien —o de querer hacerlo.

Todo esto Agustín intenta aclararlo mediante un ejemplo que se ha vuelto clásico en las discusiones sobre el tema de la relación entre la gracia y la voluntad humana:

> Dios no nos ayuda para pecar, pero sin su ayuda no podemos realizar obras justas o cumplir totalmente el precepto de la justicia. Porque así como los ojos de nuestro cuerpo no necesitan del concurso de la luz para no ver, cerrándose y apartándose de ella, en cambio, para ver algo se requiere su influjo [es decir, el influjo de la luz] y sin él es imposible la visión, del mismo modo Dios, que es la luz del hombre interior, actúa en la mirada de nuestra alma, a fin de que obremos el bien según las normas de su justicia, no según la nuestra. Cosa nuestra es apartarnos de Él, y entonces obramos conforme a la sabiduría de la carne; entonces consentimos a la concupiscencia carnal en cosas ilícitas. (*De los méritos y del perdón de los pecados*, 2.5.5)

Agustín pasa entonces a las cuestiones más concretas propuestas y debatidas por Celestio. En cuanto a la posibilidad de no pecar, sin duda tal posibilidad existe, pero de hecho nadie la ha cumplido, pues hasta en los más santos la concupiscencia ejerce su influjo destructor. Más adelante Agustín aclararía todo esto con mayor detenimiento.

Después de enviarle a Marcelino esta obra en dos libros, Agustín se topó con otro escrito de Pelagio en el que aparecían los mismos argumentos, aunque a veces con un sesgo diferente. Fue por eso que le añadió a su obra un tercer libro.

El tratado *Del Espíritu y de la letra*, escrito a fines del 412, va dirigido también a Marcelino, quien volvió a consultarle sobre algunas cuestiones que no habían quedado del todo claras. Tras este vino toda una serie de obras en las que Agustín fue aclarando y refinando su doctrina sobre la predestinación, y que es mejor considerar en conjunto: *De la naturaleza y de la gracia* —tratado escrito en el 415 para refutar el libro de Pelagio *De la naturaleza*— *De la gracia de Jesucristo y del pecado original* (418), *De la gracia y del libre albedrío* (426), *De la corrección y de la gracia* (427), *De la predestinación de los santos* (428-29), *Del don de la perseverancia* (de la misma fecha), además de numerosas cartas y sermones dedicados al tema.

Aunque en la sección anterior hemos visto algunos de los temas debatidos y el modo en que Agustín respondió a ellos, lo que le dio particular importancia a la obra de Agustín en este sentido fue su sistematización progresiva de su entendimiento de la gracia y sus consecuencias. Por esa razón se ha dado en llamarle "el doctor de la gracia". Es en torno a ese sistema agustiniano de la gracia que han tenido lugar las principales controversias acerca del pensamiento y autoridad de Agustín. Por ello, es bueno detenernos para ofrecer de un modo algo más sistemático la doctrina de la gracia que Agustín desarrolló en respuesta al reto pelagiano, según se ve en las obras que acabamos de mencionar.

Lo primero que hay que decir al respecto es que, aunque ciertamente hay una diferencia de énfasis entre la respuesta de Agustín a los maniqueos y su respuesta a los pelagianos, Agustín nunca abandonó ni negó lo que había dicho contra los maniqueos respecto al libre albedrío. La voluntad es libre sólo cuando actúa por cuenta propia. Lo que se hace por necesidad no es acción libre. Y lo que se hace por fuerza externa, aunque no niegue la libertad, tampoco es acción libre. Para ser verdaderamente libre, la voluntad tiene que decidir por sí misma.

Pero el campo dentro del cual la libertad se puede ejercer sí tiene sus límites. Así, por ejemplo, el ser humano no puede volar. Su libertad física se limita a la tierra. Pero esto no quiere decir que no sea libre, sino que es libre solamente para ciertas cosas —en este caso, para ir donde lo desee, siempre que no sea volar por los aires.

Según Agustín, cuando fueron creados Adán y Eva tenían amplia libertad. Puesto que todo el huerto estaba a su disposición, tenían libertad para no pecar. Podían moverse libremente sin pecar. Pero, puesto que en el huerto estaba el árbol prohibido, también tenían libertad para pecar. En otras palabras, había una libertad doble tanto para no pecar (*posse non peccare*) como para pecar (*posse peccare*).

Todo esto cambió con el pecado de Adán. Al ser expulsados del paraíso Adán y Eva fueron echados a un mundo en el que todavía tenían amplia libertad para determinar el curso de sus vidas. Pero, puesto que ahora el ser humano ha sido echado del huerto en el que antes pudo ejercer su libertad de no pecar, ahora solo tiene libertad para pecar —en otras palabras, todavía puede pecar (*posse non pecare*) pero ya no puede no pecar (*non posse non peccare*). Esto no quiere decir que ya no sea libre, sino solamente que ahora su libertad tiene otros límites. De igual manera que el ser humano tiene libertad para moverse sobre la superficie de la tierra, pero no puede dejar esa superficie, así también el pecador tiene libertad para moverse dentro del ámbito del pecado, pero no para salir de ese ámbito.

Hay que subrayar que esto no quiere decir que el ser humano ya no sea libre, o que no se le presenten alternativas entre las cuales pueda decidir. Es libre, y a cada paso se le presentan varias alternativas; pero todas esas alternativas son pecado —de igual modo que todas las alternativas que tiene en cuanto a dónde ir no incluyen la alternativa de salir de la tierra y volar por los aires.

También hay que señalar que no todas las alternativas son de igual valor en términos morales. Unas decisiones son mejores que otras. El ser humano, aun después de la caída, conserva nociones de justicia, lealtad, etc. Luego, sí hay lugar para la ética aun en la condición del humano caído. Pero aun las mejores decisiones éticas no dejan de ser pecado, pues son acciones de un ser pecador quien no tiene la opción de no pecar. Una vez más, la única libertad que el pecador tiene es la de pecar (*posse peccare*) pero se trata de una amplia libertad que le permite tomar decisiones, organizar su vida, etc.

La redención conlleva la restauración del ser humano caído, de modo que ahora, como Adán antes de la caída, puede pecar (*posse peccare*) pero también puede no pecar (*posse non peccare*). Esto quiere decir que ahora los creyentes sí pueden tomar decisiones que no son pecado, sino verdaderas virtudes. Este es el ámbito dentro del cual se ha de vivir la vida cristiana, a cada paso confrontando como antes una multitud de alternativas; pero ahora hay alternativas que no son pecado. Ahora es posible la verdadera santidad. En ese punto tienen razón los pelagianos: la vida de perfecta santidad es posible. Pero se equivocan al pensar que tal posibilidad se actualiza en ellos o en cualquier otro ser humano —excepto Jesús. Ahora es posible hacer obras meritorias —sobre lo cual volveremos más adelante.

Por último, en la gloria, el ser humano no puede ya pecar (*non posse non peccare*) pero todavía le queda la libertad de no pecar (*posse non peccare*). La libertad es característica tan esencial del ser humano, que permanece aun en el Reino de Dios, de modo que al humano redimido todavía se le presenta una multitud de alternativas, pero ninguna de ellas es pecado —como si en el huerto primigenio no existiera ya un árbol prohibido. En el tratado *De la corrección y de la gracia*, Agustín describe la diferencia entre el huerto y el reino final en términos de la libertad de Adán comparada con la del reino:

> Conviene, pues, investigar con atención y cautela la diferencia entre estas dos cosas: el poder no pecar y el no poder pecar. ...Pudo, pues, el primer hombre no morir, pudo no pecar, pudo no dejar el bien. ... La primera libertad, pues, de la voluntad fue la de poder no pecar; la última será mucho más excelente, conviene a saber, no poder pecar. La primera inmortalidad consistió en poder no morir, la última consistirá en no poder morir. (12.33)

Pero Agustín no se queda en eso. Si todo lo que el humano caído puede hacer es pecado, ¿cómo ha de pasar de su estado presente al del humano redimido? La decisión de tomar tal paso no puede ser pecado, y por tanto está fuera de su alcance. Así, "si no es curado por la operación de la gracia, nadie disfruta de la paz de la justicia" (*De los méritos y del perdón de los pecados*, 2.19.33)

Es aquí que la gracia de Dios interviene, dándole al humano la capacidad de pasar de un estado a otro y así restaurar su libertad para no pecar. Sin tal gracia, el pecador no puede pasar al estado de redención, pues por mucho que se esfuerce todas sus posibles decisiones son pecado. En este punto, la gracia es el poder de Dios que opera en el ser humano caído para permitirle pasar al estado de redención. En su refutación del tratado *De la naturaleza* de Pelagio, Agustín lo dice tajantemente:

> Le decimos que para pecar le bastó [al ser humano] el libre albedrío, donde está el origen de su ruina; y que para volver a la justicia tiene necesidad de Médico, porque no está sano; necesita un vivificador, porque se halla muerto. Y de esa gracia no dice absolutamente nada el autor [Pelagio], como si con sola su voluntad pudiera curarse, de igual modo que con ella sola se pudo viciar. (*De la naturaleza y de la gracia*, 23.25)

A partir de entonces la gracia continúa actuando en el ser humano redimido, ayudándole a actuar virtuosa y meritoriamente. En otras palabras, que la gracia "para que nosotros creamos, sin nosotros a obrar comienza, y cuando queremos y de grado obramos, con nosotros coopera" (*De la gracia y del libre albedrío*, 17.33).

Pero todavía queda pendiente la cuestión: ¿cómo explicar el que unos reciban esta gracia y otros no? Esa es la cuestión que lleva a Agustín a las doctrinas de la gracia irresistible y de la predestinación. Si la gracia nos es dada sin mérito alguno, absolutamente gratis (*gratia gratis data*), no podemos decir que Dios les dio esa gracia a algunos porque de algún modo la merecieron, y otros no. El concederle a alguien gracia o no concedérsela es decisión absolutamente libre del Dios soberano. Es tan libre, que no se fundamenta siquiera en la presciencia que Dios tiene acerca de quiénes han de creer y quiénes no. Dios sí tiene tal presciencia; pero lo que conoce de antemano es a quiénes les va a conceder la gracia que salva —es decir, quiénes son los elegidos.

Agustín explica esto declarando que, a partir del pecado de Adán, toda la humanidad es una "masa de perdición". Dios no tiene necesidad ni obligación de perdonar a nadie. Pero en su gran misericordia, Dios decide elegir a algunos, y a estos les concede la gracia que les devuelve la libertad para no pecar. Estos elegidos constituyen la totalidad de quienes han de ser salvos, "los predestinados para el reino de Dios, cuyo número es tan fijo, que no admite adición ni resta" (*De la corrección y de la gracia*, 13.39). El resto no son condenados por decisión de Dios, sino sencillamente porque son parte de esa pecadora masa de perdición que es la humanidad. Por tanto, quienes no se salvan no se pierden por decisión divina, sino que sencillamente "son abandonados por justo juicio de Dios en la masa de perdición" (*Del don de la perseverancia*, 14.35). Dios no es injusto al condenar a quienes lo merecen, ni tampoco en concederles gracia a algunos de entre ellos. "¿Quién sino un necio tendrá como injusto a Dios, ora castigue justamente al que lo merece, ora conceda misericordia al que no la merece?" (*Enquiridión*, 98.25)

Si el número de los elegidos es fijo, esto implica que aquella persona a quien Dios ha elegido y a quien por tanto concede su gracia no puede negarse a aceptarla. Ciertamente, es posible resistirse por algún tiempo, como el propio Agustín cuenta que él mismo hizo. Pero en fin de cuentas la gracia es irresistible. Esto no quiere decir, sin embargo, que la gracia le haga violencia a la voluntad, sino que la transforma llevándola dulcemente hacia el punto de querer recibir la gracia misma que se le ofrece. Así, en uno de sus sermones, Agustín explica:

> ¿De qué te admiras? Cree, y vienes; ama, y eres traído. No juzguéis se trata de una violencia gruñona y despreciable, es dulce, suave; es la misma suavidad lo que te trae. Cuando la oveja tiene hambre, ¿no se le trae mostrándole la hierba? Y paréceme que no se la empuja; se la sujeta con el deseo. Ven tú a Cristo así. (*Sermón* 131.2)

Luego, no se trata sencillamente de que la gracia sea irresistible, sino más bien de que la gracia actúa sobre la voluntad de tal modo que se le acepta gustosa y voluntariamente. Pero aun así, la doctrina agustiniana de la gracia irresistible y su contraparte, la predestinación, se ha discutido a través de las edades, y ha dado lugar a grandes y amargas controversias.

No obstante, hay otro aspecto del modo en que Agustín trata sobre la gracia a que los teólogos han prestado menos atención, pero cuyo alcance es vasto. Se trata de la gracia como un poder que Dios le infunde al alma humana para hacer lo que Dios desea. Antes de Agustín, cuando se hablaba de la "gracia" de Dios, generalmente no se entendía por esto un poder o efluvio, sino más bien la benevolencia de Dios, el amor de Dios que perdona y crea de nuevo. Pero a partir de Agustín, la cristiandad occidental vino a entender la gracia como un poder, y hasta como una substancia que Dios le da al ser humano —algo así como la gasolina que se pone en el tanque para que un motor pueda funcionar. Es por esto que a partir de Agustín se comenzó a hablar de varios tipos de gracia, a clasificarlos y a tratar de colocar cada uno de ellos en su justo lugar en el proceso de la salvación. Así, según algunos sistemas hay que distinguir entre la gracia "operante" y la "cooperante" —distinción que encuentra sus raíces en Agustín— o entre la gracia previniente, la gracia de regeneración y la gracia santificante, etc. También es por eso que a partir de Agustín se habló de "medios de gracia," no tanto como medios que Dios emplea para ejercer su gracia, sino como "canales" por los cuales la gracia fluye. Así, en el bautismo, en la comunión, etc., se le inyecta al ser humano cierta medida de gracia. El creyente ha de acudir a tales medios, no tanto para que la gracia de Dios se manifieste en perdón, como para que le sea dado ese efluvio de energía, esa substancia, que ahora se llama gracia. Además, por la misma razón los teólogos del Medioevo latino se preguntaron y debatieron si la gracia —es decir, esa substancia o efluvio que Dios infunde en los creyentes— es creada o increada; o, lo que equivale a lo mismo, qué diferencia hay entre la gracia y el Espíritu Santo, ya que ambos parecen ser un efluvio de la presencia y del poder de Dios dentro del alma.

Entre dos culturas

Resulta interesante notar que, mientras Jerónimo llama a Pelagio "hombre latinísimo", al menos uno de los principales defensores del pelagianismo, Julián de Eclano, se complace en burlarse de Agustín como "exégeta púnico" —es decir, africano—, "Aristóteles de los púnicos" y "sofista de los púnicos". Aparentemente Julián se enorgullecía de ser verdadero italiano —pues era de la región de Apulia— frente al púnico Agustín. Tales ataques por parte de Julián serían harto dolorosos para Agustín, quien había sido amigo de la familia por largo tiempo, y ahora se veía fuertemente atacado por un joven de esa familia. Esto explica la amargura de Agustín, quien responde llamando a Julián, quien era unos treinta años menor que él, "joven atrevido".

El uso despectivo del epíteto "púnico" que Julián le otorga a Agustín, que a simple vista parecería no ser más que invectiva maliciosa, en realidad apunta hacia un elemento importante en el debate entre Agustín y los pelagianos. Como hemos visto, tanto Pelagio como Celestio se habían dedicado al estudio del derecho romano, que era el orgullo de su civilización. Lo que es más, uno de los modos en que por largo tiempo los romanos habían justificado sus empresas coloniales era que mediante sus conquistas estaban llevándole al resto del mundo los beneficios de su sistema legal e institucional. Supuestamente, los pueblos colonizados se beneficiarían mediante el conocimiento y la aplicación del derecho romano, dejando a un lado su anterior barbarie y sus gobiernos caprichosos. Luego, al llamar a Agustín "Aristóteles púnico", lo que Julián está sugiriendo es que el pensamiento de Agustín se fundamenta, no en el orden que caracteriza el pensamiento grecorromano, sino en las antiguas tradiciones de los africanos conquistados por Roma.

Todo el derecho romano se fundamenta en la autoridad suprema de la ley. Hay ciertos principios de equidad que están por encima de todo gobernante, y sin los cuales el gobernante ejerce su autoridad ilegítimamente. Ciertamente los emperadores y sus representantes no siempre se ajustan al derecho; pero en tal caso su autoridad se vuelve usurpación. Quien bien gobierna no lo hace según su capricho, sino según el derecho, y sobre todo según el principio de equidad que constituye el cimiento mismo del orden legal. Ningún gobernante, ni siquiera el emperador, está por encima de la ley.

Tanto Pelagio como Celestio —y después sus seguidores y defensores como Julián de Eclano— entienden a Dios y su obra dentro de ese marco de referencias. Dios no está por encima de la ley ni de la equidad. Puesto que Dios es justo, la idea misma de que Dios condena a toda la humanidad por el pecado de un solo hombre es inconcebible. Es por esto que los pelagianos se oponen acendradamente a la teoría agustiniana del pecado como herencia que toda la humanidad recibe de Adán, y que hace de todo el género humano una "masa de perdición".

Por la misma razón, la idea de que Dios elige a algunos de entre esa masa de perdición para concederles su gracia y llevarles a la dicha eterna, al tiempo que abandona a otros, dejándoles que sufran las consecuencias del pecado, es blasfemia, puesto que implica que Dios es injusto.

El pastor y los pelagianos

Frente a esto se encuentra la noción de autoridad que prevalecía entre los púnicos y bereberes, y que ya hemos visto al tratar sobre el donatismo. Para ellos, el jefe del clan o de la tribu tenía autoridad, no por la función o título que la ley le daba, sino en su propia persona. Su autoridad y su poder se confundían de tal modo que tenía autoridad mientras pudiera continuar ejerciendo su poder, y la perdería si otro tuviera más poder que él.

Desde tal perspectiva, querer que Dios se ajuste al modo en que los humanos entendemos la justicia y la equidad es negar el poder y autoridad de Dios. Si Dios es soberano, es Dios mismo quien determina lo que es justo. La blasfemia no consiste, como pretenden los pelagianos, en declarar a Dios injusto, sino más bien en pretender decirle a Dios lo que es justo y lo que no lo es. Y eso es precisamente lo que hacen los pelagianos.

Para los pelagianos, con su trasfondo en el derecho romano, el Dios de Agustín es injusto y caprichoso. El mestizo Agustín, a la vez que entiende la preocupación de los pelagianos por la justicia, teme que los pelagianos están tratando de limitar el poder y la autoridad de Dios.

Algo semejante se puede decir si vemos la controversia desde otra perspectiva. La controversia no giraba solamente en torno al carácter de Dios, sino también en torno al carácter humano. No cabe duda de que tanto Agustín como Jerónimo y el resto de los opositores del pelagianismo se le oponían porque les parecía que el pelagianismo daba lugar a que los creyentes se enorgullecieran como si su salvación fuese obra suya. Esto se ve, por ejemplo, en las palabras de Jerónimo ya citadas en las que dice que Pelagio pretende ser mejor que San Pablo. Dentro del marco del pelagianismo, el creyente puede decir que lo es por decisión propia, aparte de la gracia de Dios. Tal orgullo es inaceptable. El creyente no puede decir jamás que creyó porque era mejor que el no creyente, o porque hizo una decisión mejor, o por cualquiera otra cosa que él mismo pueda atribuirse. La declaración de fe del creyente tiene que ser siempre que creyó por obra de la gracia de Dios.

Pero existe también la preocupación de los pelagianos. Decir que uno cree por la gracia de Dios es decir que la incredulidad de los demás es el resultado de la falta de gracia, y por tanto que es obra de Dios. Esto resulta inaceptable. Y por mucho que Agustín se esforzó por mostrar que su postura no culpaba a Dios por la incredulidad de los réprobos, jamás pudo convencer a los pelagianos de que tal no era el caso.

Aquí también vemos el contraste entre dos trasfondos culturales. Desde el punto de vista del derecho romano y de su visión de una sociedad ideal, la virtud del individuo y su rango social no dependen del reconocimiento de las autoridades. Son algo intrínseco a la persona, determinado por principios que se encuentran por encima de los gobernantes. Desde el punto de vista de las tradiciones norteafricanas, la virtud del individuo y su rango social dependen de la decisión del jefe —y cuando ese jefe pierde la fuerza para hacer valer su autoridad pierde también la jefatura.

Resulta interesante notar que el mismo Agustín que en la controversia con los donatistas acudió a los principios romanos de autoridad en esta otra controversia acude más bien a los principios norteafricanos. Tanto los unos como los otros son parte de su herencia. En cierto modo, es precisamente en eso que consiste su mestizaje. Y es ese mestizaje lo que le hace capaz de acudir a recursos de una u otra cultura, según diversas necesidades y circunstancias.

La controversia continúa

Ya en vida de Agustín hubo algunos que, sin ser pelagianos, tenían dificultades con las enseñanzas de Agustín, particularmente respecto a la predestinación y al lugar del libre albedrío en la decisión de creer. Tales personas buscaban un punto intermedio que les permitiera equilibrar la acción divina con la humana, y la gracia con el libre albedrío. Por ello se les llama "semipelagianos", aunque probablemente sería más acertado llamarles "semiagustinianos", pues buscaban seguir la doctrina de Agustín, pero al mismo tiempo suavizarla y hacerla aparecer menos extrema. Tenemos noticia de tales actitudes, primero, en el monasterio de Adrumeto, relativamente cercano a Hipona. Pero pronto el movimiento se hizo particularmente fuerte en el sur de lo que hoy es Francia, particularmente en Marsella, donde el venerado monje Juan Casiano era abad del monasterio de San Víctor.

Lo que más les preocupaba a estos "semipelagianos" era que Agustín afirmaba que el primer paso en la fe se debía únicamente a la gracia de Dios, y no a la decisión humana. No tenían dificultad alguna en concordar con Agustín en todo lo referente a la vida cristiana después de ese primer paso. Pero al mismo tiempo tampoco querían adoptar la posición de los pelagianos, que varios sínodos habían rechazado.

Además, los "semipelagianos" señalaban que la doctrina de la predestinación quedaba refutada por el hecho de que hay creyentes fieles quienes han recibido la gracia, y sin embargo caen y se pierden. Si recibieron la gracia porque se contaban entre los elegidos, ¿cómo pudieron perderla? Si el número de los elegidos es fijo, ¿qué se puede decir de quienes así caen de la gracia?

La discusión entre Agustín y estos "semipelagianos" no llegó al nivel de las agrias controversias con los pelagianos. De hecho, varios de estos "semipelagianos" se dirigieron a Agustín respetuosamente, pidiéndole que aclarara sus enseñanzas, o sugiriéndole que concordara con ellos en su postura más moderada.

En todo caso, la discusión giró en torno al primer paso de la fe (el *initium fidei*, o inicio de la fe). Los semipelagianos veían en esto el centro de la cuestión, pues era precisamente por afirmar que tal inicio se encuentra solo en Dios que Agustín tenía que llegar también a su doctrina de la predestinación sobre la base de una decisión soberana por parte de Dios.

Todo esto estaba teniendo lugar hacia el fin de la vida de Agustín. Sus dos obras principales sobre el asunto son *De la predestinación de los santos* y *Del don de la perseverancia*. Ambas datan del año 429, es decir, un año antes de la muerte del Obispo de Hipona —y la segunda es el último de los libros escritos por Agustín.

En ambas obras Agustín reafirma lo que había dicho antes acerca de la predestinación, e insiste en que el inicio de la fe (*initium fidei*) está en la gracia de Dios, y no en la voluntad humana. Esto es necesario, entre otras cosas, para evitar la soberbia entre los creyentes:

> Se ha de evitar, pues, ¡oh hermanos amados del Señor!, que el hombre se engría ante Dios, afirmando que es capaz de obrar por sí mismo lo que ha sido una promesa divina. ...Tened muy en cuenta que si alguna cosa se obra en nosotros de tal manera que la gracia de Dios nos sea dada por nuestros méritos, tal gracia ya no sería gracia. (*De la predestinación de los santos*, 2.6)

Introducción a la teología mestiza de San Agustín

Y, en cuanto a la caída de quienes parecen haber recibido la gracia de Dios, tal cosa es imposible, pues el ser humano no puede deshacer la elección que Dios ha hecho. Lo que sucede es más bien que la persona que parecía haber recibido la gracia de Dios en verdad no la había recibido. La perseverancia no está en manos humanas, sino que ella también es don de Dios, que Dios les da a las mismas personas a quienes ha elegido:

> Afirmamos en primer lugar paladinamente que la perseverancia, con la que se persevera en el amor de Dios y de Cristo hasta el fin, esto es, hasta que se termina esta vida, en la cual únicamente hay peligro de caer, es un don gratuito de Dios. Por ende, nadie sabe todavía si ha recibido ya tal don mientras vive en esta vida terrena, porque si cae antes de morir, se dice que no perseveró, y se dice con toda verdad; ¿cómo, pues, podía decir que recibió la perseverancia el que no perseveró? (*Del don de la perseverancia*, 1.1)

La muerte de Agustín no le puso fin a la controversia. En Marsella, el venerado Juan Casiano declaraba que...

> Tan pronto como Dios ve en nosotros el inicio de una buena voluntad la ilumina, estimula y dirige hacia la salvación, dándole el crecimiento a lo que él mismo sembró, o a lo que ha visto nacer en nosotros por nuestro propio esfuerzo. (*Conferencias*, 13.8)

Debido a la influencia de autores tales como Casiano, pero sobre todo a la resistencia a aceptar la doctrina de una predestinación incondicional que Agustín proponía, la controversia duró al menos hasta el año 529, cuando un sínodo reunido en Orange declaró heréticas las principales enseñanzas tanto de los pelagianos como de los semipelagianos. El primer canon de ese sínodo afirma que el pecado de Adán afecta a todo el ser humano, incluso su libertad. El segundo, que el pecado de Adán afecta a todos sus descendientes. El tercero, que Dios no confiere su gracia sobre la base de las peticiones humanas. Y así sucesivamente, los veinticinco cánones de ese concilio se proponen reafirmar la doctrina agustiniana. Pero al mismo tiempo, ese sínodo no dijo una palabra sobre una predestinación fundamentada solamente en la soberana libertad de Dios ni acerca de una gracia irresistible. Más bien, se parecía dar por sentado que la gracia que provee el inicio de la fe es lo mismo que la gracia del bautismo, con lo cual, al menos dentro del contexto de una cristiandad en

El pastor y los pelagianos

que casi todos eran bautizados, la doctrina agustiniana de una "masa de perdición" perdía mucho de su impacto. Cuando, trescientos años más tarde, el monje Gotescalco quiso regresar a un agustinianismo radical, se le declaró hereje. Y lo mismo sucedió con otros a través de los siglos.

En fin, la controversia no terminó con el sínodo de Orange, sino que continúa hasta nuestros días.

Capítulo 7
El pastor y los paganos

Al mismo tiempo que procuraba refutar movimientos tales como el maniqueísmo, el donatismo y el pelagianismo, Agustín, como obispo de Hipona y como el teólogo más eminente en el Occidente cristiano, se vio obligado a llevar una polémica continua contra el paganismo.

Naturaleza y fuerza del paganismo

Aunque hoy nos referimos a la religión que dominaba el mundo mediterráneo como "paganismo", lo cierto es que aquel mundo no tenía una religión uniforme, y que por tanto darle un nombre común a sus muchas religiones y creencias resulta bastante artificial. Lo que es más, la palabra misma, *paganus*, tenía poco que ver con cuestiones religiosas, y se refería más bien a lo rústico e inculto, particularmente en las zonas rurales. Si se le examina más detenidamente, el mundo religioso de entonces —aparte del cristianismo— abarcaba muy variadas formas de religiosidad que unas veces se confundían y otras se oponían entre sí.

En primer lugar, cabe mencionar la vieja religión de los griegos y romanos —los dioses del Olimpo y del Panteón de que hablaban los poetas clásicos, y que eran la religión oficial del Imperio. En tiempos de Agustín, esos dioses habían caído en descrédito, no sólo por razón de las críticas que les hacían los cristianos y judíos, sino sobre todo por razón de las críticas de los filósofos y otros intelectuales. Desde mucho antes, filósofos tales como Parménides, Platón y Aristóteles habían socavado las viejas tradiciones acerca de esos dioses, de modo que no eran únicamente los cristianos quienes criticaban su antropomorfismo, sus caprichos y sus inmoralidades. Si su culto continuaba, ello no se debía a que ocuparan un lugar central en la vida de la mayoría de los habitantes del Imperio, sino más bien a que habían sido ellos quienes habían engrandecido a Roma, y por tanto era necesario rendirles culto a fin de proteger esa dádiva recibida de ellos. Además, aquellos dioses eran símbolo de la vieja cultura, y por tanto tenían un lugar importante en las ceremonias civiles, en los edificios públicos, en la literatura, en las artes y en las festividades oficiales.

Tanto en Roma misma como en las capitales provinciales, la religión que predominaba era una fe vaga en poderes sobrenaturales cuyos propósitos podían descubrirse mediante la adivinación y la astrología, y modificarse mediante la magia y los sacrificios. Frecuentemente, antes de tomar alguna decisión importante, los gobernantes y generales consultaban a augures o astrólogos que pretendían predecir el futuro por medios tales como el vuelo de las aves, el estudio de los movimientos siderales, o el análisis del hígado de algún animal. De manera semejante, para asegurarse la buena voluntad de esos poderes, se les ofrecían sacrificios y se les levantaban altares y monumentos.

Esto se ve en una carta que en el año 390 le dirigiera a Agustín un maestro pagano de la vecina Madaura —donde Agustín había estudiado— de nombre Máximo:

> Grecia nos atestigua, no es obligatorio creerlo, que el Olimpo es la morada de los dioses. Pero vemos y podemos probar que el Foro de nuestra ciudad está dominado por la presencia de nuestros númenes salvadores. ¿Quién es tan demente, tan insensato, que niegue la certidumbre de la existencia de un Dios único y supremo, sin padre y sin hijo natural, y al mismo tiempo grande y magnífico Padre? Con muchos vocablos invocamos sus virtudes, difundidas en la obra del mundo. En realidad, todos ignoramos su nombre propio, ya que el término "dios" es común a todas las religiones. (*Epístola* 16.2)

Entre las élites más cultas, tal religiosidad unas veces se supeditaba a otra que bien podríamos llamar más "ilustrada", en la que doctrinas filosóficas tomaban sesgos religiosos y determinaban tanto la cosmovisión como la vida de sus seguidores. Tal era el caso del estoicismo, que se había hecho sentir fuertemente en Roma desde tiempos de Cicerón, y que en el siglo segundo, en la persona de Marco Aurelio, llegó al trono imperial. Y algo parecido acontecía con el neoplatonismo, surgido en Alejandría poco más de un siglo antes que Agustín lo abrazara en medio de su peregrinación intelectual (véase más arriba, el capítulo 2).

Además, había toda una multitud de religiones y creencias, muchas de ellas provenientes de las zonas orientales del Imperio, y hasta de más allá de sus fronteras. Una de ellas era el maniqueísmo, que hemos discutido anteriormente porque fue parte de la peregrinación religiosa de Agustín. También de Persia se había importado el culto al dios Mitra, que se había difundido particularmente entre el ejército romano. De Egipto venían Isis y Osiris; de Siria, Atis y Cibele; y de Grecia, los misterios dionisíacos.

Todos estos elementos se mezclaban y confundían, unas veces creando escuelas, como los diversos grupos gnósticos, y otras sencillamente en la religión de cada cual.

Por último, en las regiones agrestes y remotas predominaban todavía viejas creencias y prácticas religiosas que habían existido desde antes de las conquistas romanas. Estas variaban de lugar en lugar, y frecuentemente incluían dioses locales, así como árboles, bosques, montañas y otros lugares sagrados. Fue este tipo de religión el que primero recibió el nombre de "paganismo" (es decir, religión de agrestes tenidos por rudos), pues por algún tiempo el cristianismo creció principalmente en las ciudades, al punto que las viejas religiones perduraron mayormente en las zonas más apartadas. Pero ya en tiempos de Agustín se llamaba "pagano" a todo lo que no fuese cristiano ni judío.

El debate antes de Agustín

No es este el lugar para repasar toda la historia de los graves conflictos entre paganos y cristianos que comenzaron casi tan pronto como el cristianismo apareció en escena y que resultaron por un lado en la larga serie de persecuciones cada vez más cruentas, y por otro en apologías o defensas de la fe tales como las de Justino, Arístides, Clemente y Orígenes. Lo que se decía acerca de los cristianos, y cómo estos respondieron, se puede leer en cualquier texto sobre la historia de la iglesia. Pero entre todas las críticas y acusaciones que se levantaban contra el cristianismo había una que vino a ocupar el centro del debate precisamente en tiempos de Agustín. Se trata de la afirmación que los grandes desastres de la época, y sobre todo la decadencia de Roma, se debía al abandono en que habían caído los dioses que la hicieron grande. Esto puede verse por ejemplo a mediados del siglo tercero en la persecución de Decio, el emperador que, como parte de todo un programa de restauración del Roma y sus valores, ordenó que toda persona debía ofrecerles sacrificio a los dioses, y tener un documento que certificara que lo había hecho.

La idea de que cuanto desastre sucedía se debía al abandono de los dioses, y por tanto a los cristianos, era común en África desde mucho tiempo antes de Agustín. En Cartago, a fines del siglo segundo, o principios del tercero, Tertuliano dice que quienes persiguen a los cristianos "justifican su mala voluntad diciendo, sin fundamento, que los cristianos son la causa de cuanta calamidad o desastre público acontece". Como refutación de tal idea, cuenta entonces toda una serie de desastres que tuvieron lugar antes del advenimiento del cristianismo, y concluye que "si se tienen en cuenta las calamidades de antaño, vemos que no son tantas ahora que Dios le ha regalado al mundo la presencia de los cristianos", pues los cristianos oran y así logran bendiciones para todos, aun cuando esas mismas personas que reciben las bendiciones de Dios se las atribuyen a Júpiter (*Apología*, 40). De igual manera poco antes de tiempos de Agustín otro africano, Arnobio, rechaza la idea de que desde el advenimiento del cristianismo "el mundo se ha dañado", arguyendo, como Tertuliano, que siempre ha habido desastres y calamidades (*Contra los gentiles*, 1.1). En contraste, en el siglo tercero, algo más tarde que Tertuliano y antes que Arnobio, Cipriano responde a la misma acusación aceptando el hecho de que las condiciones han empeorado, pero achacándoselo a que el mundo va envejeciendo y que las calamidades de su tiempo no son sino achaques de la vejez del mundo: "el mundo ha envejecido, y ya no tiene la energía que antes tuvo. .... La decadencia misma del estado es testimonio de esto" (*A Demetriano*, 3).

Todos estos eran argumentos repetidos por muchos otros, a los que Agustín probablemente no hubiera prestado mayor atención de no haber sido por el saqueo de Roma en el año 410.

El saqueo de Roma

Como frecuentemente sucede con los imperios y las naciones poderosas, Roma pensó que su dominio nunca tendría fin. ¿Cómo podría tener fin un orden que había logrado imponerse por toda la cuenca del Mediterráneo y que se ufanaba de haber traído paz y unidad a la región? A mediados del siglo segundo sus fronteras con su enemigo tradicional, Persia, estaban bien guardadas y fortificadas. La riqueza que su comercio producía no tenía rival. Bajo aquel gran imperio todo estaba bien organizado y regulado. Había leyes para todo, y una amplia y bien adiestrada burocracia para administrarlas. No sin razón algunos historiadores han afirmado que no hubo en la previa historia de la humanidad tiempo tan dichoso como el del Imperio Romano en su cenit.

Pero otros historiadores señalan que bajo ese optimismo se ocultaba un profundo malestar. La famosa "paz romana" no era bien vista por quienes se veían oprimidos y explotados. Durante todo el período imperial, nunca faltaron rebeliones en Siria, en Egipto, en Palestina, en España, en Galia. De ese malestar e inconformidad con el orden imperial da testimonio el Apocalipsis de Juan, que veladamente llama al Imperio la "bestia que sale del mar", y a quienes colaboraban con él, "otra bestia que subía de la tierra" (Ap. 13:1-8, 11-12). Aunque estas palabras reflejaban motivaciones religiosas, también expresaban sentimientos bastante difundidos en diversas regiones del Imperio, y este se dedicó con ahínco a suprimirlas, pues veía en ellas una seria amenaza al orden existente.

Pero había otra amenaza que los romanos veían, pero difícilmente entendían. Roma se había hecho rica conquistando y saqueando las riquezas de sus vecinos. Aunque pretendía e imaginaba que su riqueza era sencillamente el resultado de su industria y creatividad, el hecho es que buena parte de su riqueza provenía de las tierras conquistadas. Las conquistas romanas, primero en el resto de Italia, luego en África, Galia, Egipto, España y hasta

Gran Bretaña, traían al Imperio botines de riquezas que los romanos mismos no producían. Si hacía falta trigo en Italia, se traía de Sicilia, y luego de Egipto. Si se necesitaba aceite y vino, se traía de Asia Menor o de España; si estaño, de Gran Bretaña. Si la población en el centro del Imperio estaba insatisfecha con lo que tenía, era cuestión de conquistar nuevas regiones y apropiarse de sus recursos. Pero hacia el siglo tercero el Imperio Romano había logrado su mayor extensión. Ya no era posible sostener el centro sencillamente extendiendo los márgenes. Los vecinos que quedaban por conquistar —excepto Persia, que era demasiado poderosa para ser conquistada— eran bastante más pobres que los romanos. Los esfuerzos militares que antes se dirigían hacia las conquistas ahora se dedicaron a reforzar y defender las fronteras del Rin y del Danubio frente a las incursiones de esos vecinos — lo cual producía gastos, pero no el botín de antaño. Comenzó así un sentimiento de malestar, y es por eso que en los escritos romanos de la época frecuentemente se escucha la queja de que ya las cosas no eran como antaño; que la antigua gloria de desvanecía.

La diferencia entre uno y otro lado de la frontera se fue haciendo cada vez más insostenible en Europa occidental. De un lado había pueblos —principalmente germánicos, como los godos, los francos y los vándalos— que se sentían presionados por otros pueblos provenientes del este, y que al mismo tiempo codiciaban las riquezas de los romanos. Del otro, había una población cuya prosperidad misma le había acostumbrado a la vida fácil, y a colocar las tareas más arduas sobre los hombros de otros. Cuando entre un lado y otro de una frontera existen tales disparidades, resulta imposible contener la presión que esto produce. Repetidamente los pueblos germánicos hacían incursiones en territorio romano, y retornaban a sus tierras cargados de botín. Luego, el Imperio que se había sostenido sobre bases de botín de guerra, ahora se veía amenazado por otros que venían también en busca de botín. Para proteger sus fronteras, el Imperio estableció la política de darles tierras fronterizas a veteranos del ejército con la esperanza de que, por defender esas tierras, defendieran también la frontera. Pero tales veteranos envejecían, y sus hijos tenían menos celo militar. Poco a poco, la defensa de las fronteras contra los posibles invasores germánicos se fue colocando en manos de otros germánicos a quienes se concedían —o se prometían— tierras dentro de las fronteras a condición de que las defendieran contra las posibles incursiones de los vecinos. Unas veces esto daba el resultado apetecido; pero otras —a veces por falta de cumplimiento de lo prometido por parte de las autoridades imperiales— los pueblos que supuestamente defenderían las fronteras invadían otros territorios romanos.

Tales condiciones habían ido surgiendo desde el siglo tercero. A principios del cuarto, el emperador Diocleciano reorganizó las defensas fronterizas, y con ello logró un período de relativa calma y prosperidad. Fue durante ese período que reinaron emperadores poderosos tales como Constantino y Teodosio. Pero ya hacia fines de ese siglo las defensas fronterizas resultaban ser cada vez menos eficaces, al punto que las incursiones germánicas se volvieron constantes.

Empero ahora las condiciones habían cambiado. Aquellos pueblos germánicos que antes invadían el Imperio en busca de botín, para luego regresar a sus tierras, ahora se asentaban dentro de los confines del Imperio, unas veces declarándose sus súbditos, pero gobernándose a sí mismos, y otras sencillamente en franca rebelión.

El punto culminante en todo ese proceso llegó en el año 410, cuando los visigodos, bajo el mando de Alarico, conquistaron y saquearon a Roma. Tal cosa parecía inconcebible. Roma, la ciudad que se creía capital del mundo, Roma, la fundadora de tantas otras ciudades, Roma, que había hecho del Mediterráneo su "mar nuestro", había sido conquistada y saqueada por los supuestamente inferiores visigodos.

Pronto se hicieron escuchar con fuerza las palabras de quienes culpaban a los cristianos por la debacle. Los dioses hicieron grande a Roma, decían. Pero Roma les abandonó haciéndose cristiana, y por tanto los dioses la han abandonado a ella.

La refutación de Agustín

A Hipona llegaron también las alarmantes noticias de lo ocurrido en Roma, y allí también hubo quienes aprovecharon la oportunidad para culpar a los cristianos. Agustín subió al púlpito y declaró que "es falso lo que dicen de nuestro Cristo, que fue él quien hizo perder a Roma" (*Sermón* 105.12). Y entonces pasó a un argumento sobre la base de la historia reciente, recordándoles a quienes le escuchaban que unos pocos años antes otros godos, servidores de los mismos dioses que parecían haber abandonado a Roma, trataron de conquistarla con un ejército superior al de Alarico, pero fracasaron. Y ahora Roma ha caído en manos de Alarico, quien es de profesión arriana, y por tanto no sacrifica a los dioses.

Pero con tal refutación no bastaba. Era necesario ofrecer toda una interpretación de cómo fue que Roma se hizo grande, por qué se debilitó y por qué ahora los "bárbaros" godos la han conquistado.

Este es el propósito de la obra magna de Agustín, *La ciudad de Dios*. En su esencia, el libro contrasta dos ciudades, una de Dios y otra terrenal. Esto no era nuevo, pues buena parte del argumento del Apocalipsis de Juan es el contraste entre la ciudad reinante (Roma, a la que llama también "Babilonia") y la nueva Jerusalén que desciende del cielo. Aunque muchísimo más extensa que el Apocalipsis, La ciudad de Dios sigue esencialmente un orden paralelo, pues de igual modo que el Apocalipsis le dedica la mayor parte de sus primeros capítulos a la ciudad de perdición —Roma/Babilona— y termina con una gran visión de la ciudad celestial, así también Agustín le dedica la mayor parte de sus primeros libros a la ciudad terrena y sus tragedias, para terminar con la visión gloriosa de la ciudad celestial. Pero no es solo el Apocalipsis lo que le sirve de modelo y de fuente a Agustín, quien siempre había respetado a y leído Ticonio, uno de los más ilustres maestros donatistas. De Ticonio Agustín tomó buena parte de los principios exegéticos que expuso en su tratado *De la doctrina cristiana*. Y Ticonio había escrito un comentario sobre el Apocalipsis del que Agustín parece haber tomado varios elementos para la composición de *La ciudad de Dios*. En todo caso, Agustín no pretendía que el tema de las dos ciudades era original. Al contrario, en uno de sus sermones afirma que esto es lugar común entre creyentes:

> Todo instruido en la Santa Escritura debe saber de dónde somos ciudadanos y en dónde peregrinos. ...Oísteis y sabéis que corren, en el desenvolvimiento de los siglos hasta el fin, dos ciudades, mezcladas ahora corporalmente entre sí, pero separadas espiritualmente: una para la cual el fin es la vida eterna, y se llama Jerusalén; otra para la cual todo su gozo es la vida temporal, y se llama Babilonia. (*Sermón* 136.1)

El pastor y los paganos

Este tema de las dos ciudades sería el centro de *La ciudad de Dios*. Pero antes de pasar a discutirlo es necesario entender que por "ciudad" Agustín no entiende lo que entendemos hoy, es decir, una urbe o un centro metropolitano. Ciertamente, Roma era una gran urbe. Pero como "ciudad" era también todo un orden social, económico y político. En otras palabras, lo que Agustín llamaba "ciudad" correspondía más bien a lo que hoy llamamos un estado o un sistema de gobierno. (Por eso es que hasta el día de hoy decimos que alguien es "ciudadano", no de París o de Buenos Aires, sino de Francia o de Argentina.) Luego, lo que Agustín está contrastando no son dos urbes, sino dos órdenes, dos maneras de organizar la vida individual y colectiva.

Es por eso que Agustín puede resumir la historia toda de la humanidad en términos de solo dos ciudades, cuando resulta claro que a través de esa historia ha surgido un enorme número de urbes.

Pero Agustín no se limita al tema escueto de las dos ciudades, sino que se propone responder a los ataques contra el cristianismo, primero, refutando lo que dicen los paganos, que el mal (particularmente el mal que le ha acaecido a Roma) resulta del abandono de los dioses (libros 1-5); luego, argumentando que la esperanza de algunos paganos de alcanzar una vida eterna de bendición y bienaventuranza es falsa (libros 6-10); y por fin, contando y discutiendo algo —¡o, más bien, bastante!— del curso de la historia de las dos ciudades (libros 11-22).

Puesto que la obra trata sobre toda esa historia, es prácticamente una enciclopedia en la que se incluye buena parte de la historia y de los conocimientos de la antigüedad. Así, ya en el segundo capítulo del primer libro Agustín empieza a hablar sobre la guerra de Troya, para pasar a las conquistas romanas, y de allí a la caída de Roma, a la que llega en el capítulo 7. El propósito de todo esto es mostrar que "todo lo que tuvo lugar en el último saco de Roma —ruina, sangre, robo, fuego y aflicción— es obra del estilo bélico". En otras palabras, Agustín concuerda con sus predecesores cristianos africanos, al declarar que las calamidades de su tiempo no son peores que las anteriores, y que por tanto no hay que culpar por ellas a los cristianos, sino al carácter mismo de la vida de las naciones. De allí pasa a discutir los temas centrales de la teodicea: el por qué del mal, y sobre todo por qué los buenos sufren junto a los malos. Pero todo esto no ocupa más que los primeros catorce capítulos del primer libro, y se menciona aquí como índice del vasto alcance de la obra. Ya en el próximo capítulo Agustín vuelve a la historia romana, para tratar de Rómulo, de Lucrecia, de Cicerón, de César, y de una pléyade de otros personajes y acontecimientos. ¡Y todavía vamos por el primero de veintidós libros!

Aunque para nosotros hoy todo esto puede resultar tedioso, para las generaciones que siguieron a Agustín fue una rica mina donde se podían encontrar los tesoros de la antigüedad. Muchos de aquellos tesoros —históricos, literarios y hasta en cierto modo científicos— habían quedado sepultados entre los escombros del viejo Imperio Romano, conquistado y destruido por los pueblos germánicos. Pero en medio de aquellos tiempos de oscuridad siempre se podía acudir a *La ciudad de Dios* como una fuente no solo de información, sino también de inspiración literaria —pues muchos de los autores de los primeros años de la Edad Media buscaron conformar su estilo al que veían en esta magna obra.

No fue sino hasta el siglo séptimo, dos siglos después que Agustín escribiera *La ciudad de Dios*, que las *Etimologías* de Isidoro de Sevilla vinieron a hacerle algo de competencia. Las Etimologías aventajaban a la obra de Agustín por su orden, en el que cada cosa se colocaba en su justo sitio, mientras que era difícil ver el orden lógico de los centenares de argumentos, de ejemplos y de temas que Agustín abordaba en su magna obra. Pero aun así, buena parte de la información de Isidoro viene de *La ciudad de Dios*, y en todo caso —en buena parte debido al prestigio de su autor— la obra de Agustín siguió circulando más ampliamente que la de Isidoro. Ejemplo de ello es el hecho de que a fines del siglo octavo y principios del noveno el gran emperador Carlomagno pedía que *La ciudad de Dios* se le leyera frecuentemente — al parecer porque le guiaba el sueño fútil de hacer de su imperio encarnación o al menos reflejo de la ciudad celestial.

Pero *La ciudad de Dios* era mucho más que una enciclopedia. Allí se encontraba también toda una filosofía de la historia. ¿Cómo explicar el surgimiento y la caída de las naciones y de los imperios? ¿Será reflejo de los conflictos entre los dioses, como se ve en la Ilíada y en toda la literatura grecorromana a partir de entonces? ¿Será que los pueblos abandonan a los dioses que les hicieron grandes, y estos a su vez les abandonan, como decían muchos paganos a raíz del saqueo de Roma? ¿Será que la vida muelle de los poderosos lleva a su propia destrucción? ¿Será que no hay orden alguno en la historia y en la vida, sino solo caos y capricho? ¿Será que hay algo intrínseco en el poder mismo, que le lleva a su propia disolución?

La respuesta de Agustín es que todas las grandes civilizaciones no son sino expresiones de una sola ciudad, de un modo de ordenar la vida y las relaciones sociales. El inevitable fracaso de todo imperio se debe precisamente a eso: a que no es sino manifestación de esa ciudad terrena.

El meollo de todo el argumento se encuentra al final del libro catorce de esta obra en veintidós libros —es decir, poco después del centro de la obra, de modo que a partir de este punto los catorce libros que le anteceden no parecen ser sino prólogo y anuncio del tema principal. Así resume Agustín ese tema principal:

> Dos amores fundaron, pues, dos ciudades, a saber: el amor propio hasta el desprecio de Dios, la terrena, y el amor de Dios hasta el desprecio de sí propio, la celestial. La primera se gloría en sí misma, y la segunda, en Dios, porque aquélla busca la gloria de los hombres, y ésta tiene por máxima gloria a Dios, testigo de su conciencia. Aquélla se engríe en su gloria, y ésta le dice a su Dios: "Vos sois mi gloria y el que me hace ir con la cabeza en lo alto". Aquélla reina en sus príncipes y en las naciones a quienes avasalló impulsada por la concupiscencia del dominio. En ésta sirven en mutua caridad, los gobernantes aconsejando y los súbditos obedeciendo. (*La ciudad de Dios*, 14.28)

Es en torno a esa tesis principal que Agustín construye toda su narración y repaso de la historia humana. En esa historia de entretejen las dos ciudades: la terrena y la celestial, la que se construye sobre el amor de sí mismo y la que se construye sobre el amor a Dios. Estas dos ciudades han existido paralelamente y entremezcladas a través de toda la historia, y esa condición tanto de conflicto como de mezcla perdurará hasta la consumación final, cuando la ciudad terrena desaparecerá y la eterna prevalecerá.

Pero hay que cuidar de no hacer de esta diferencia un contraste absoluto, como si en la ciudad terrena no hubiera sino mal, y bien en la celestial. Tal interpretación se acercaría al dualismo maniqueo contra el que Agustín lucho a través de toda su vida. Como Agustín reitera en La ciudad de Dios, "existe una naturaleza en la que no hay ningún mal, en la que no puede haber mal alguno; mas no puede existir naturaleza alguna en la que no se halle algún bien" (19.2). Por ello las dos ciudades tienen al menos dos cosas en común: La primera de ellas es que ambas se basan en el amor. Son dos amores diferentes, el uno dirigido hacia sí mismo y el otro hacia Dios. Aunque su objeto sea errado, el amor es el fundamento de toda la vida humana. El amor es ese sentido de no estar completo a que se refiere Agustín al principio mismo de sus *Confesiones*, al decirle a Dios: "nos has hecho para ti, y nuestro corazón está inquieto hasta que descanse en ti" (1.1). El error de la ciudad terrena no está entonces en amar, sino en amar a la criatura por encima del Creador. Aun en medio de la ciudad terrena, los humanos buscan el bien, aun cuando lo que buscan no es lo absolutamente bueno, ni está donde lo buscan. Esto es cierto, por ejemplo, de la paz, que todos buscan, pues hasta la guerra tiene el propósito —al menos supuesto— de que haya paz. Pero "la paz de los pecadores, en comparación de la paz de los justos, no merece ni el nombre de paz" (*La ciudad de Dios*, 19.12.3).

En segundo lugar, las dos ciudades tienen en común precisamente eso de ser "ciudades" —es decir, de ser órdenes sociales. Agustín no entiende la vida cristiana, ni en este mundo ni en el mundo por venir, como vida solitaria en presencia únicamente de Dios, sino más bien como vida comunitaria, como parte de una sociedad. En este punto, Agustín concuerda con la opinión —expresada mucho antes por Aristóteles al decir que el humano es un "animal político", o más literalmente, "animal de la ciudad"— según la cual "la vida del sabio es vida en sociedad". Y esto se le aplica ciertamente no solo a la ciudad terrena, sino también a la celestial. "Porque, ¿de dónde se originaría, cómo se desarrollaría y cómo lograría su fin la Ciudad de Dios .... si la vida de los santos no fuera vida social?" (*La ciudad de Dios*, 19.5). Luego, aunque no se puede identificar a la iglesia visible con la ciudad celestial, tampoco se puede ser ciudadano de esa otra ciudad sin ser parte de su manifestación aquí en la vida presente, aun en medio de la ciudad terrena.

Esto a su vez quiere decir que los cristianos no pueden desentenderse de la ciudad terrena en medio de la cual viven al presente. Aun cuando su ciudadanía esté en el cielo, los cristianos ciertamente han de dolerse por todos los sufrimientos y tragedias acarreados por el saqueo de Roma. Como hemos visto, el propio Agustín intervino repetidamente en la sociedad circundante, buscando la justicia y la paz, y hasta acudió al poder temporal para suprimir las actividades de los circunceliones.

En cierto modo, lo que Agustín hace en este pasaje y en buena parte de esta obra es interpretar la historia de la humanidad a la luz de su propia historia. En sus *Confesiones*, Agustín recuenta cuán agonizante fue para él aquella "contienda que había en mi corazón, de mí mismo contra mí mismo" (*Confesiones*, 8.12.27). Ahora esa contienda se traslada al plano cósmico, como una gran lucha entre dos quereres, entre dos amores que se disputan el corazón y la vida de la humanidad: el amor a Dios y el amor a sí mismo. Y las dimensiones cósmicas de las ciudades nacidas de esos dos amores se remontan hasta antes de la creación del mundo, pues se ven ya en la división entre los ángeles buenos y los caídos.

Pero, como hemos visto sobradamente, el conflicto interno de Agustín no era solamente entre el querer y el no querer, o entre querer lo bueno y querer lo malo, sino también entre lo romano y lo africano, entre la fe de Mónica y la cultura de Patricio y de cuanto aprendió en las escuelas. Su conversión se fundamentó en la posibilidad de vivir la fe de Mónica dentro de la cultura de Patricio. Frente a los donatistas, optó por las tradiciones romanas, en las que la autoridad provenía del oficio más bien que de la actuación, más bien que por las africanas, en las que la autoridad se derivaba de la actuación —y, en el caso de los líderes eclesiásticos, de la santidad. Más tarde, frente a los pelagianos —quienes justificadamente le echaron en cara su "africanidad"— tomó la opción opuesta, argumentando que la autoridad del Dios soberano no depende de que se ajuste a las nociones humanas de justicia. Ahora, ante la debacle romana, al tiempo que se duele por ella, les achaca la culpa del desastre no solo a los invasores godos, sino también a los romanos mismos. En realidad, los creyentes en Cristo no son ciudadanos ni de Roma ni de la nación visigoda —ambas expresiones de la ciudad terrena— sino que tienen una ciudadanía diferente y más alta.

En este punto, Agustín se hacía parte de una larga tradición que se remontaba al menos hasta tiempos de Pablo, quien a pesar de ser ciudadano tanto de Roma como de Tarso había declarado que "nuestra ciudadanía está en los cielos" (Fil. 3:20).

Entre los apologistas, Arístides había afirmado que los creyentes en Jesucristo son un género distinto del resto de la humanidad, pues no son ni judíos ni gentiles. Y Taciano se había regocijado tratando de mostrar la superioridad de la religión y sabiduría de los "bárbaros" por encima de las de los griegos. Ahora Agustín combina todo eso con su propio mestizaje —él, quien era africano y romano, y por tanto ni lo uno ni lo otro— para forjar una filosofía de la historia, una visión de la acción de Dios, que no depende de la civilización romana, y en la cual hasta los visigodos tienen un lugar.

Esa visión, por así decir, "mestiza" fue uno de los factores que le permitieron a Agustín servir de puente entre el pasado grecorromano que caducaba y el nuevo régimen que surgía — régimen de desorden, oscurantismo y violencia, pero del cual a la postre nacería, como nueva encarnación de la ciudad terrena, la civilización occidental.

Capítulo 8
Agustín como lente del cristianismo occidental

Como se ha dicho repetidamente, Agustín fue el puente que conectó a la iglesia medieval con la antigua, y es por tanto puente que nos conecta hoy con aquella iglesia de los primeros siglos. Sin él, buena parte de la herencia intelectual de la antigüedad se hubiera perdido, o al menos hubiera quedado olvidada en ignotos rincones, en espera de ser redescubierta. Fue él quien les dio a los pastores y líderes de inicios del Medioevo buena parte de las pocas herramientas intelectuales con que contaban en la difícil tarea de dirigir la vida de la iglesia en aquellos tiempos inestables y oscuros.

En términos más específicos, la insistencia de Agustín en el poder e iniciativa de la gracia sirvió de correctivo en medio de una iglesia que se volvía cada vez más legalista, como si Dios no fuese más que el juez inexorable que dispensa recompensas a los buenos y castigos a los malos. No es en balde que se le conoció como "el doctor de la gracia". En todo esto, Agustín ayudó a conservar el mensaje de amor y de gracia que es el evangelio, y sirvió de guía para la interpretación de los textos sagrados —particularmente de las Epístolas de Pablo.

Además, en los siglos que siguieron inmediatamente después de su muerte, Agustín le sirvió de recordatorio a la iglesia, no permitiéndole olvidar, aun en medio del oscurantismo reinante, que el mandamiento incluye amar a Dios "con toda la mente". Toda su obra se podía ver como un inmenso puente, no solamente entre los tiempos antiguos y los más nuevos, sino también entre lo que sabemos por medio del evangelio y las Escrituras y lo que sabemos porque Dios ilumina la mente de todo ser humano. Fue Agustín quien trajo a la teología en lengua latina lo que antes habían dicho escritores griegos tales como Justino y Clemente: que no hay ni puede haber contradicción entre lo que Dios nos enseña mediante la razón y lo que nos enseña mediante la revelación. Así, gracias a Agustín se siguieron utilizando las ideas y algunos de los escritos de Platón y sus discípulos en el quehacer teológico.

Pero al servir de puente, Agustín dejó también su sello sobre las tradiciones e ideas que transmitía, con lo cual, en cierto modo, se convirtió también en lente o filtro que hacía muy difícil acercarse a la antigüedad cristiana de otro modo que no fuera a través de él. En consecuencia, si Agustín le transmitió la antigüedad a la iglesia de habla latina, le transmitió una antigüedad interpretada y seleccionada por él.

El ejemplo más claro de esto fue el desconocimiento de los antiguos escritores griegos en el Medioevo latino. El propio Agustín dice que, aunque de joven estudió algo de griego, esa lengua nunca le agradó. Por tanto, sus lecturas teológicas eran mayormente los escritos de autores latinos, o de unos pocos griegos que habían sido traducidos al latín —por ejemplo, el tratado *Del Espíritu Santo* de Basilio el Grande, que Ambrosio había traducido y adaptado para la iglesia de lengua latina. La pérdida que resultó de esto fue grande. Importantes y esclarecidos autores de la antigüedad tales como Ireneo, Clemente de Alejandría, Orígenes, Atanasio, Gregorio de Nisa, Gregorio Nacianceno y muchos otros quedaron casi olvidados en una cristiandad occidental que se acercaba siempre a la antigüedad a través del lente de Agustín.

Esto tuvo consecuencias notables. Como he tratado de mostrar en otro trabajo, había en el Oriente cristiano de habla griega todo un tipo de teología muy diferente de la visión de teólogos norteafricanos tales como Tertuliano, Cipriano, Arnobio y otros. Gracias a Agustín, la teología de tipo norteafricano dominó todo el Occidente de habla latina. Esta fue una de las razones por las cuales ese Occidente cristiano tuvo siempre la tendencia a ver a Dios primeramente como juez y legislador, y a hacer de la vida cristiana un constante intento de merecer la vida eterna. Dentro de esa tendencia, la vida cristiana se centraba en satisfacer o eliminar la deuda contraída por el pecado. Si el bautismo borra esa deuda, ¿qué se ha de hacer entonces con los pecados que se cometen después del bautismo? En respuesta a esta pregunta se desarrolló todo el sistema penitencial que a la postre llevaría a la venta de indulgencias y a la Reforma protestante.

Esto nos lleva a considerar el tan debatido tema de si Agustín fue o no precursor de la Reforma. El catolicismo romano siempre ha insistido en que sus enseñanzas respecto a la salvación son las mismas de San Agustín. Pero, por otra parte, tanto Lutero como Calvino afirmaron repetidamente que sus posturas encontraban apoyo en el santo obispo de Hipona —de hecho, Agustín es el teólogo a quien ambos reformadores citan con mayor frecuencia.

Con sobradas razones, los protestantes han apelado a Agustín, el "doctor de la gracia", en busca de apoyo para su insistencia en la justificación como obra de Dios, y no como obra humana. Bien lo dijo Agustín: para verdaderamente merecer su nombre, la gracia ha de ser dada gratis —*gratia gratis data*. No puede haber condiciones o requisitos previos a ella. No puede haber modo de ganarla ni merecerla. Sobre esa base Agustín desarrolló sus doctrinas de la predestinación, del número limitado de los elegidos y de la imposibilidad de perder la gracia que después hallaron eco en los cánones del sínodo calvinista de Dort y en la Confesión de Westminster.

Pero hay otro elemento en el modo en que Agustín trata sobre la salvación que se opone diametralmente al protestantismo. El inicio de la fe está en la gracia de Dios, y ésta es inmerecida; pero la salvación se alcanza mediante los méritos de las obras. Según Agustín entiende las cosas, la gracia de Dios opera en los elegidos antes de que tengan siquiera la libertad para no pecar; pero después coopera con ellos para que, mediante la nueva libertad que tienen para no pecar, adquieran los méritos que les llevarán a la vida eterna. Luego, en el famoso debate sobre si la salvación es por la gracia inmerecida o por el mérito de las obras, Agustín diría que es por la gracia inmerecida que nos capacita para obrar de tal modo que se merezca la salvación. (Lo cual fue la razón por la que después hubo que crear doctrinas tales como el purgatorio, donde van quienes han de ser salvos, pero mueren sin suficientes méritos, el limbo, donde van los inocentes que mueren sin ser bautizados, y el tesoro de los méritos, con el cual se suple la falta de méritos de quienes se acogen al sistema penitencial de la iglesia.)

En cierta medida, todo el debate se debe al lente con el que Agustín nos enseñó a leer el evangelio, como si su esencia fuera cuestión de cómo satisfacer las demandas de un Dios que es ante todo legislador y juez, y cuya justicia requiere que se lleve cuenta de los pecados y que se satisfaga la deuda que estos implican, como en el catolicismo medieval y tridentino —o, como en el caso de buena parte del protestantismo, como si el evangelio fuera únicamente el anuncio de que Dios paga la deuda.

Por último, también a Agustín le debemos el gran impacto del platonismo sobre el cristianismo, particularmente hasta el siglo trece. Al hacer uso de la filosofía platónica, Agustín le mostró y enseñó a toda la iglesia occidental que la razón no contradice la fe. Esto fue y sigue siendo de valor para la iglesia toda, y particularmente para la labor teológica. Pero al entender la razón y sus procesos en términos platónicos, Agustín le restó importancia a lo que se aprende mediante los sentidos, que solamente nos dan a conocer realidades pasajeras. Esto a su vez llevó al cristianismo occidental a menospreciar la observación como medio para el conocimiento de la verdad —al menos hasta el siglo trece, cuando el redescubrimiento de Aristóteles y la obra de Alberto el Grande y de Tomás de Aquino le abrieron paso, primero a la observación, y luego a la experimentación.

Ese platonismo de Agustín también puede verse en su magna obra, *La ciudad de Dios*. Allí Agustín le da un lugar a la historia secular, a la historia de esa ciudad terrena que se manifiesta en estados, reinos e imperios. Pero cuando llegue el día final lo que importará será únicamente la ciudad de Dios y su historia. Lo otro, la historia secular, sencillamente se borrará —de igual modo que, según Agustín, en la vida eterna no tendremos memoria de cuánto en esta vida llevó el sello del pecado. En fin de cuentas, la historia del mundo, la historia de la ciudad terrena, no tiene importancia, sino sólo la historia de la ciudad celestial.

Hoy muchos teólogos, con razón, ponen en duda esa división de la historia en dos —la historia del mundo y la historia de la salvación— e insisten en que Dios lleva a cabo su obra salvadora a través de la historia humana, y que por tanto esa historia es campo de acción para los cristianos.

Agustín como lente del cristianismo occidental

En todo esto se pone de manifiesto el hecho de que Agustín, a la vez que puente, es lente. Como puente, nos pone en contacto con la antigüedad cristiana. Como lente, nos lleva a entender esa antigüedad de un modo particular. Sin el lente, no podríamos ver. Pero si solamente usamos ese lente, también habrá mucho que no veremos o que no entenderemos.

Por otra parte, si es cierto que su propio trasfondo mestizo ayudó a Agustín en su peregrinación espiritual e intelectual y dejó huella sobre su teología, cabe preguntarse si ese mismo mestizaje no fue parte de lo que le permitió a la teología de Agustín abrirse paso según se fue desarrollando el nuevo mestizaje que adumbraba a la muerte de Agustín: el mestizaje entre lo grecorromano y lo germánico que a la postre le daría origen a la civilización occidental y a la teología dentro de esa civilización. Tal cosa no ha de sorprendernos, pues a través de toda la historia los grandes movimientos teológicos han tenido lugar en lo que bien podríamos llamar esferas de mestizaje —incluso el mestizaje hebraico-gentil que le dio origen al Nuevo Testamento y el mestizaje greco-romano que fue la cuna de la primera teología cristiana.

Si tal es el caso, la teología y experiencia de Agustín bien pueden ayudarnos a alcanzar una comprensión más profunda del evangelio precisamente por razón del mestizaje en que vivimos y que nos ha formado —de ese mismo mestizaje que todavía hoy es para algunos motivo de bochorno, pero que es señal del futuro desde el cual Dios nos llama.

www.ingramcontent.com/pod-product-compliance
Lightning Source LLC
Chambersburg PA
CBHW070540170426
43200CB00011B/2486